KB122745

아돌프 히틀러

박홍규 지음

아돌프
히틀러

기회주의적
반공군사독재의
기원을 찾아서

인물과
사상사

왜
지금
히틀러인가?

————————

2018년 8월 3일, 이명박·박근혜 정권의 국방부 대변인을 지낸 모 신문 논설위원이 국군기무사령부(기무사, 현재의 군사안보지원사령부)의 계엄령 문건 사태에 대응하는 문재인 대통령을 '참모 의견을 무시하고 군대를 못 믿고 경시'했다는 점에서 아돌프 히틀러Adolf Hitler, 1889~1945와 같다고 하는 내용의 칼럼을 썼다. "연합군의 노르망디 상륙작전 때 참모부 의견을 묵살하고 기갑부대를 제때 투입하지 않"은 히틀러의 "잘못된 인식과

독단"으로 인해 무너진 독일군과 문재인 대통령이 "경험 많은 고위 장성들을 불신해 내보내면서 몇 기수 뛰어넘은 육·해군 참모총장을 임명했고, 계엄령 문건을 작성한 기무사가 쿠데타를 음모했다고 보는 것"이 같다는 주장이었다.

그러나 많은 전문가가 지적하듯이 노르망디 상륙작전에서 독일군이 패한 것은 독일군의 전력이 영·미보다 열세였기 때문이라는 아주 단순한 전쟁 승패의 상식에 의한 것이지 히틀러의 참모나 군대 불신 탓이 아니었다. 반면 장군의 임명권자인 대통령이 그 권한을 행사하고, 특히 계엄령 발령의 권한이 없는 군인들이 관련 문건을 작성해 쿠데타 음모를 한 의심이 드는 것을 척결하는 것은 국군통수권자인 대통령의 정당하고 당연한 헌법상 권한이자 의무의 행사였다.

설사 그 논설위원의 주장이 맞다고 해도 그런 전쟁 승패의 문제와 기무사를 비롯한 군대 개혁 문제는 전혀 차원이 다른 것이므로 그 둘의 비교에는 문제가 있었다. 정치 개입이 금지된 군이 쿠데타 음모라는 극단적인 정치 개입을 했다는 혐의가 있기에 군을 개혁하기 위해 장성을 교체하는 것은 국군통수권자인 대통령이 군을 정상화하기 위해 취한 지극히 당연한 조치인데도 어떻게 그것이 전쟁의 승패와 같다는 말인가?

게다가 쿠데타 음모야말로 박정희에서 전두환과 노태우까지 이어진 불행한 한국 현대 정치의 적폐 중 적폐가 아닌가? 그 최소한의 움직임이라도 철저히 발본색원하고 아예 싹을 잘라야 하는 악이거늘 그런 문건을 작성한 증거가 분명하게 나왔는데 어떻게 가만히 두고 본단 말인가? 그런 쿠데타 음모야말로 바로 히틀러와 베니토 무솔리니Benito Mussolini 같은 반공군사독재를 낳은 악의 씨앗이 아니었던가? 이 책에서 설명하듯이 히틀러는 기회주의적 반공군사독재 외에 다른 아무것도 아니다. 그 점에서 일제도 마찬가지였고 해방 후 이승만과 박정희, 보수 정권도 본질적으로 마찬가지였다.

결국 그 논설위원은 군대 개혁은 도저히 있을 수 없다고 하는 지극히 기회주의적인 보수적 주장을 하기 위해 터무니없이 히틀러를 끌어들인 것이다. 그야말로 기회주의적 반공군사독재의 발상일 뿐이다. 전쟁에서 패한 장군이면 누구에게나 해당되는 이야기인데도 터무니없이 히틀러를 끌어들인 것이다. 왜 그런 글을 썼는가? 희대의 악당이니 살인마니 하는 히틀러와 같다고 하여 대통령을 욕보이려고 한 것이다. 아무런 논리도 없이 기회주의적으로 글을 쓴 것이다.

그러나 도리어 군인으로서 정치에 개입한 것이야말로 히틀러가 했던 것이 아닌가? 대통령이 아니라 정치군인들이야말로 히틀러와 같은 자들이 아닌가? 이처럼 대통령이든 누구든 정적政敵이면 극악무도한 악당 히틀러와 비교하여 극단적으로 모독하는 것은 조선시대의 사화士禍를 방불케 한다. 비슷한 논법이 공산주의자나 빨갱이로 모는 것이다. 이것도 바로 히틀러가 한 것이다. 요제프 괴벨스Joseph Goebbels 같은 히틀러 부하인 언론인들이 한 것이다. 그런 자들이 히틀러를 만들어냈다. 그야말로 기회주의적 반공군사독재의 발상이다.

한국에는 아직까지도 그런 기회주의적 반공군사독재에 젖은 자들이 우글거린다. 북한을 적으로 두고 온갖 기회주의적인 권력 탈취와 유지만을 노리는 자들이다. 국가와 국민을 위한 어떠한 정치적 비전도 없고 오로지 권력만을 노린다. 그런 권력욕에 의해 히틀러와 같이 쿠데타를 음모한 자들을 발본색원하려는 대통령을 히틀러와 같다고 몰아가다니 참으로 궤변을 일삼는 무리다. 일본군 장교였다가 한때 자신이 '빨갱이'이기도 했던 박정희가 정적을 빨갱이로 몰아붙인 수작과 같은 것이다. 그래야 자신의 빨갱이 혐의를 더욱 완전하게 가릴 수 있어서였다. 그야말로 기회주의적 반공군사독재의 발상이자 행동이었다.

그 논설위원은 뒤에 비난이 일자 "다양한 의견을 존중해야 한다"고 주장했다. 대통령을 빨갱이나 공산주의자로 모는 것도 언론자유라고 하듯이 말이다. 그러나 한국에서 빨갱이라는 것은 국가보안법 등에 의해 문제가 되는 중대한 범법자라는 뜻을 의미한다. 그 논설위원은 자신에 대한 비판을 '다양한 의견의 존중'이 아니라고 본 것이었다. 대통령을 비판한 자신의 의견은 다양성의 차원에서 존중받아야 한다고 주장하면서도, 자신의 글

히틀러를 희대의 악당이니 살인마니
하지만, 히틀러는 기회주의적 반공군
사독재자 외에 다른 아무것도 아니다.
1933년의 히틀러.

을 비판한 사람들은 다양성을 존중하지 않는 것이라고
비판한 것이다.

그런 그가 남을 비판할 수 있는지, 논설위원이라는
직의 자격에 맞는 자인지 의심스럽다. 자신은 터무니없
는 소리를 하면서 그것을 '존중해야 할 다양한 의견'이
라고 했으니 그런 논설위원을 두고 히틀러나 괴벨스 같
이 궤변을 일삼아 혹세무민하는 자라고 비판해도 '다양
한 의견'으로 존중해야 한다.

그런데 그렇게 터무니없는 소리를 한 논설위원은
무사했다. 문재인 대통령이 정말 히틀러였다면 그 논설
위원은 진작에 수용소로 끌려가 죽어야 했을 것이다. 그
정도가 아니라도 최소한 직장에서 쫓겨나기라도 해야
히틀러에 비교할 수 있다. 대통령을 비판했다고 해서 블
랙리스트에 올린 박근혜나 감옥에 가둔 박정희라도 되
어야 히틀러에 비교할 수 있다.

그러니 그 논설위원은 히틀러가 누구인지도 제대로
모르는 자라고 볼 수밖에 없다. 히틀러를 희대의 악당이
라고 생각해 그와 마찬가지로 생각한 대통령을 히틀러

에 비교한 것뿐이다. 우리는 이런 자가 논설위원인 신문이 최고 부수를 자랑하는 나라에 살고 있다. 참으로 터무니없는 세상이다. 여전히 기회주의적 반공군사독재의 잔재들이 우글거리는 세상이다.

한편 외국에서는 미국 대통령 도널드 트럼프Donald Trump가 히틀러와 유사하다는 주장이 꾸준히 제기되어왔다. 트럼프가 2015년 6월 미국 공화당 대선 후보 경선에 출마하면서 멕시코 이민자를 강간범이라고 묘사하자 즉각 그가 히틀러와 유사한 인종주의자라는 비판이 제기되었다. 히틀러가 유대인들의 축재를 독일 대중이 겪는 가난의 원인이라고 규정했듯이, 트럼프는 멕시코 이민자들은 물론 무슬림도 잠재적 테러 분자로 규정했다. 이민자들은 미국 백인들의 일자리를 빼앗고, 무슬림들은 미국 안보를 해치는 세력이라는 것이다.

히틀러는 유대인과 집시들을 대량 추방하거나 학살했고, 트럼프는 이민자를 막는 국경 장벽 구축과 무슬림의 미국 입국 금지와 신원 조사를 주장해왔다. 그래서 몇 년 동안 구글에 '트럼프 히틀러'를 영어로 검색하면 수천

만 건의 결과가 나왔다. 아마도 지금은 더할 것이다.

그보다 중요한 유사점은 두 사람의 기반이 대중의 사회·경제적 불만이고, 지지층이 중하류층이라는 점이다. 히틀러는 제1차 세계대전 패전에 따른 과도한 배상으로 인한 엄청난 인플레이션과 1930년대 전후의 대공황으로 침몰하는 독일 바이마르공화국의 경제, 트럼프는 세계화와 2008년 금융위기로 인해 커져가는 미국의 불평등한 분배 구조를 정치적 기반으로 했다.

히틀러는 대공황 때 긴축으로 일관한 바이마르공화국 정부의 정책으로 가장 큰 피해를 본 농민, 퇴역군인, 중하류층 등을 향해 정치적 메시지를 던졌다. 트럼프는 세계화 등으로 중산층에서 탈락하는 미국 중하류 백인층을 겨냥했다. 게다가 지지층 결집을 위해 히틀러가 바이마르공화국의 폭력 타도를 표방했듯이 트럼프는 각종 집회에서 지지층들의 폭력을 선동했다.

트럼프는 집권 이후 세계경제 이탈, 무역 적자의 상대국에 대한 공격, 극단적인 자유 우대정책의 강행을 통해 히틀러와 유사하다는 지적을 계속 받아왔다. 트럼프가 취임사에서 "미국인을 고용하고, 미국 물건을 사라" 고 말한 뒤 전개한 미국 내 일자리 우선 정책은 히틀러가 1933년 총리에 오른 뒤 '오타키Autarky(폐쇄적 자립경제)' 정책과 일자리 우선의 완전고용 정책을 펼치고 국제연맹 탈퇴, 수입품에 대한 관세 인상 등 수입 통제로 국내 산업 보호 정책을 편 것과 너무나 유사하다.

히틀러가 노동조합 해산과 파업 등을 통해 기업인들에게 더 많은 재량을 주고 고속도로인 아우토반 Autobahn 건설, 삼림녹화, 병원과 학교 건립, 올림픽경기장 등 대형 공공건물 건립 등을 통해 일자리를 만들었으며 재무장을 위한 군비 확장 정책을 실시해 군수산업을 팽창시킨 것도 트럼프의 정책들과 유사했다. 그 결과 집권 당시 30퍼센트대였던 실업률은 1939년에 사실상 완전고용 상태로 바뀌는 경제적 호황을 누렸다. 지금 미국은 그 정도는 아니지만 최근 호황으로 돌아섰다.

그런데 내가 보기에 두 사람의 더욱더 근본적인 공통점은 기회주의자라는 점이다. 두 사람 모두 어떤 정견이나 이념이나 원칙이나 주의 같은 것을 갖고 있지 않다. 그들은 태어나면서부터 기회주의자다. 다르다면 히틀러는 군인 출신으로 반공군사독재를 한 반면 트럼프는 장사꾼 출신으로 투기정치를 한다는 점이다. 그렇지만 그것은 20세기 전반의 반공군사독재 국가 독일과 21세기 전반의 상업국가 미국이라는 차이에서 나오는 것이니 본질적으로 다른 것이 아니다. 박정희나 박근혜도 마찬가지로 기회주의자다. 모두 히틀러와 같은 기회주의자들이다.

이 책은 지금 트럼프와 같은 인간들이 미국을 비롯해 전 세계에 등장하고 있는 현실을 개탄하면서 그 원형인 히틀러를 재조명하자는 것이다. 문재인 대통령을 히틀러에 비교할 사람은 모 신문의 논설위원 같은 수준의 인간 외에는 국내외 어디에도 없을 것이다. 그러나 바로 2년 전까지 우리는 히틀러와 비슷한 기회주의자들을 대통령으로 모셨다. 그 원형은 박정희이지만 그 앞의 이승만이나 그 뒤의 자들도 대부분 기회주의자이기는 마찬가지였다.

아마도 문재인 대통령은 우리 역사상 김대중 · 노무

현 대통령과 함께 기회주의자가 아닌 대통령일 것이다. 박정희는 히틀러를 존경했다. 나폴레옹도 존경했다지만 히틀러를 더욱더 좋아했을 것이다. 히틀러는 1920년대 후반부터 독일의 영웅이었고 일본의 영웅이었다. 그런 히틀러를 박정희도 좋아했다.

나는 박정희에서 박근혜까지 한국을 망친 기회주의자들의 망령을 뿌리치기 위해 이 글을 쓴다. 그리고 다시는 그런 기회주의자들이 이 땅에 뿌리박지 말기를 바란다. 그러나 다시 기회주의자가 대통령을 비롯한 지배층이 될 가능성이 얼마든지 있는 나라이고 시대다. 그런 기회주의자들이 바라는 대통령이 바로 트럼프 같은 자들이다. 지금도 소위 노무현 시대처럼 경제 난국이고, 지금처럼 실업률이 높아지면 바로 기회주의자들이 기회를 틈타 권력을 잡을 가능성이 얼마든지 있다.

그뿐만 아니라 히틀러를 노골적으로 숭배하는 네오나치Neonazi를 비롯해 트럼프 같은 우익들이 새로운 발판을 마련해 설쳐대고 있는 유럽 정계를 위시한 세계 정치계의 타락을 경계한다. 1920~1930년대 유럽에서 히틀러와 무솔리니와 프란스시코 프랑코Francisco Franco, 아시아의 일본에서 우익들이 결국 제2차 세계대전을 일으켰듯이 지금 21세기 초반에도 그런 자들이 설쳐대면 제3차 세계대전이 오지 말라는 법이 없다. 특히 한반도에서 트럼프와 김정은이 노는 꼴은 제3차 세계대전을 촉발시킬지도 모른다는 위기감이 든다. 제발, 부디, 오직, 그런 시대가 이 나라에 다시는 오지 않기를 바란다.

차례

005   머리말
          왜 지금 히틀러인가?

021   히틀러와 『나의 투쟁』

033   히틀러를 이해하기 위한
          매우 짧은 독일사 입문

041   나쁜 혈통이나
          성적 불량 탓만은 아니었다

053   히틀러는 정치를 시작할 때부터
          기회주의자였다

061   나치는 25개조 강령으로
          시작되었다

073   보수적인 법원과 감옥이
          히틀러를 살렸다

083   독일인들이 히틀러에게
          정권을 내주었다

093 히틀러의 독재는
수권법에서 나왔다

103 히틀러, 완벽한 독재의
총통을 시작하다

115 '대독일'로
나아가다

123 히틀러와
올림픽

127 홀로코스트를
시작하다

137 절멸 전쟁을
시작하다

149 **맺음말**
히틀러는 희대의 악당이 아니라
기회주의자다

히틀러와
『나의 투쟁』

히틀러가 『나의 투쟁』이라는 책을 남긴 것을 모르는 사람은 거의 없을 것이다. 한국어 번역도 내가 확인한 것만 해도 14종이 넘는다. 그중에 가장 빨리 출판된 것이 1962년에 나온 것인데, 이처럼 5·16군사쿠데타 직후에 처음으로 나온 점에 어떤 역사적 의미가 있는지 없는지 나로서는 알 수 없다. 하지만 박정희를 비롯한 쿠데타 세력이 일제강점기에 일본육군사관학교 등에서 공부하면서, 또는 그 전후에 그 책을 읽은 것과도 무관하지 않을지도 모른다. 물론 그들은 일본어 번역본을 읽었다.

일본어 번역본은 1937년에 처음 나왔는데, 그때 박정희는 20세로 그해 봄에 대구사범학교를 졸업하고 문경초등학교 교사로 부임했다. 이어 1939년에 만주국 육군군관학교에 입학해 4년 뒤 졸업하고, 이어 1942년 일본육군사관학교에서 2년 동안 공부를 했다. 그사이 히틀러에 대한 책을 읽었고, 『나의 투쟁』도 읽었을 것으로 짐작된다.

2015년 독일에서 판금된 지 70년 만에 『나의 투쟁』이 출간되자마자 즉각 베스트셀러가 되었다. 국내에서도 그 점을 선전하면서 그때 나온 '비판본'(주석이 3,700개 달린 2,000쪽)을 번역한 것처럼 광고했으나, 사실은 이미 그전에 번역한 책을 다시 인쇄한 것(발행연도도 2014년이고 번역자는 1992년에 사망했다)이어서 주석은 거의 달리지 않았다. 한국에서는 그동안 『나의 투쟁』이 판금되거나 소위 금지도서로 군대나 교도소 등에서 지정되거나 한 적이 전혀 없었다. 막스 베버Max Weber의 책이 '막스'라는 이름 때문에 금서가 되는 나라에서 히틀러가 이렇게 출판의 자유를 자신의 나라인 독일이 아니라 한국에서 누리고 있다니 정말 축하할 일이다.

번역본이 14종 이상이나 나왔다니 꽤나 많이 팔린 듯하다. 나치 시대 독일에서 1,500만 부나 팔린 것보다는 물론 못했을 것이다. 독일에서 그렇게 많이 팔렸는데도, 그러니 히틀러의 정체를 충분히 알았을 것이지만, 그에게 권력을 부여한 독일인을 이해할 수 없다고 어느 유대인 철학자는 말했다. 그러나 그는 독일인을 제대로 몰랐다. 그는 독일인의 수준을 너무 높이 평가했다.

그의 생각과는 반대로 독일인들은 히틀러의 정체를 알고서 그를 너무 좋아하게 되어 그에게 엄청난 권력을 부여했던 것이다. 그러나 전후에 독일인들은 그들이 『나의 투쟁』을 읽지 않았다고 주장했다. 지금까지도 역사학자를 포함해 대부분의 독일인이 그렇게 주장한다. 왜? 독일의 전쟁 책임은 히틀러 한 사람에게 있다고 몰아가기 위해서다.

독일만이 아니었다. 1930년대에 20여 개 언어로 번역되어 엄청나게 팔렸을 뿐 아니라 1945년 이후에도 그

책이 판금된 독일과 달리 많은 나라에서 수백 만 부나 팔렸다. 그리고 그들 역시 과거의 독일인들처럼 독재자를 환영하고 있다.

그동안 14종 이상이나 나온 『나의 투쟁』의 번역서들이 어느 정도 믿을 수 있는지 의문이지만, 2014년에 나온 번역서는 서울대학교 교수를 지낸 독일에서 철학 박사를 받은 박사의 번역이다. 이 책의 처음에는 제바스티안 하프너Sebastian Haffner가 쓴 '히틀러 그는 누구인가'라는 글이 나온다. 이 글은 하프너가 1978년에 쓴 『히틀러에 붙이는 주석』을 편역한 것인데, 저작료를 주고 번역한 책이 따로 나와 있지만 그렇게 해도 괜찮은 것인지 도대체 알 수 없다. 2,000쪽의 반이라도 넘겨야 해서 첨가한 것이 아닌지 모르겠다.

하프너는 히틀러가 나이 30세에 무직이고 직장 경력이 없으며 우정이나 애정과는 인연이 없는 한심한 남자였다가 정치를 시작했다는 설명으로 글을 시작한다. 그러면서도 화가의 꿈이 사라진 18세에 정치에 대한 관심과 정열이 솟고 24세에 오스트리아에서 독일로 옮긴

것을 최초의 정치 행동이라고 하는데, 이는 '정치'라는 말을 너무 과용하고 정치가로서 성장을 발전적인 눈으로 보는 것이라고 생각한다. 18세나 24세나 30세나 히틀러에게는 모두 우연히 그렇게 된 것이라고 여겨지기 때문이다. 하프너는 히틀러가 기회주의자가 아니라 '마르크스적 의미의 이론'을 갖고 있었다고 하지만, 당대 대중의 취향에 맞는 주장을 한 히틀러를 보고 그런 식의 대단한 정치사상가인 양 보는 것이 과연 타당한지도 의문이다.

하프너는 히틀러의 정치 경력을 1939년의 제2차 세계대전 발발을 분기점으로 하여 그전의 성공과 그 후의 실패로 나누었다. 나는 전쟁 전의 평시와 그 뒤의 전시로 나누는 것은 당연하지만, 그것을 '성공'과 '실패'라고 하면서 대조적인 평가를 부여하는 점에는 반대한다. 왜냐하면 1939년 이전 '평시'의 히틀러가 한 행동을 '성공'이라고 평가할 수 없기 때문이다.

그 성공의 중요한 내용은 경제 회복인데, 대공황 이후 전 세계가 불황에 허덕일 때 히틀러가 불황을 극복한

한국에서는 히틀러의 『나의 투쟁』이
14종이나 넘게 번역되어 꽤나 많이
팔렸다. 또 1945년 이후에도 『나의 투
쟁』이 판금된 독일과 달리 많은 나라
에서 수백 만 부나 팔렸다. 1920년대
초반의 히틀러.

것은 군사독재 체제였기 때문에 '성공'한 것에 불과했다. 그러나 그것을 과연 '성공'이라고 평가할 수 있을까? 이는 일제강점기가 그전에 비해 경제적 수치상으로 '발전'했으니 '성공'이라고 보는 소위 식민지 근대화론과 무엇이 다를까?

하프너는 히틀러가 성공의 정점이었던 1939년에 죽었더라면 독일인들에게 가장 존경받는 정치가가 되었을 것이라고 가정한다. 실제로 상당수의 독일인이 그렇게 생각했고 지금도 그렇게 생각하는 경향이 있다. 그러나 그러한 가정법은 무의미하다. 실제로 1939년에는 성공의 정점이 아니라 이미 엄청난 군비 확충에 의해 전쟁을 하지 않으면 파산할 지경이었다. 따라서 성공이 아니었다. 실패로 가는 지름길이었을 뿐이다.

역사가가 함부로 가정법을 쓰는 것은 좋지 못한 행위다. 하프너는 또 하나의 가정법으로 히틀러가 1941년 12월 러시아의 반격을 받았을 때 전쟁에서 패한 것을 알았지만, 전쟁을 계속한 것은 유대인 학살을 위해서였다고 가정했다. 그러나 이는 히틀러의 유대인 학살이라고 하는 역사적 범죄의 성격을 극단적으로 보여주고 미국에 대한 선전포고의 어리석음을 강조하기 위한 가정법이기는 해도 역사 자체의 해석으로서는 문제가 있다. 히틀러가 미국에 선전포고를 한 것은 중요한 역사적 사실일 뿐이다.

하프너의 글에는 그 밖에도 많은 문제점이 있지만 이 정도의 지적으로 그치도록 한다. 역사를 보는 눈은 정확해야 하는 것이지 과장이나 가정에 빠져서는 안 된다. 하프너가 쓴 방대한 히틀러 평전(『히틀러에 붙이는 주석』)도 번역되어 있는 만큼 그 독서에는 그 점을 주의할 필요가 있다.

히틀러의 평전으로는 이언 커쇼Ian Kershaw나 요아힘 페스트Joachim Fest에 의한 방대한 책들도 번역되어 있어서 한국에는 히틀러 인기가 정말 대단하다고 할 수 있다. 그러나 이러한 책들이 모든 책임을 히틀러 한 사람에게만 돌리는 태도에는 문제가 있다. 그리고 히틀러는 악마이고 그가 쓴 『나의 투쟁』도 악마의 책인 것처럼 말한다. 그 책이 나왔을 때에도 그러했다. 그러나 그런 오만함이 히틀러의 기회주의적 반공군사독재를 낳았다.

또 히틀러의 수준이나 당시 독일인의 수준이 비슷했음도 간과했다. 그렇다고 해서 지금 사람들의 지적 수준이 크게 나아진 것도 아니다. 그래서 다시 네오나치가 준동하고 있다. 일찍이 히틀러와 나치를 쥐에 비유한 『마우스』라는 만화가 있었다. 그런 쥐들이 여전히 준동하고 있다. 독일만이 아니라 세계 방방곡곡에, 특히 한국에 준동하고 있다.

그러나 하프너는 책의 끝에서 이제는 히틀러를 따르는 사람이 아무도 없다고 단정한다. 1978년에는 그랬을지도 모르겠다. 그러나 지금은 다르다. 독일만이 아니라 유럽 전역이 네오나치로 몸살을 앓고 있다. 이는 1978년에도 네오나치가 잠복했음을 의미할지도 모른다. 히틀러는 특별한 악마가 아니었다. 언제나 다시 나타날 수 있는 인간 사회의 보편적인 현상이다. 인간 사회는 그렇게 완전한 존재들만 사는 곳이 아니다.

1951년의 여론조사에서 독일인의 42퍼센트가 나치 전시를 가장 좋은 시대로 꼽았다. 당시의 다른 조사에

의하면 나치 후기인 전시기에 대한 기억도 부정적이지
않았다. '최악의 시기'로 전시기를 꼽은 사람들은 8퍼센
트에 불과했다. 80퍼센트에 이르는 독일인에게 전쟁 자
체가 아니라, 그 결말, 즉 공습과 식량난에 의한 기아 상
황, '고향 상실'에 의한 이주 등으로 고통을 받은 종전
전후의 시기(1945~1948)가 더욱 나쁜 시기로 사람들
은 기억했다. 반면 나치 시기는 공황과 정치 혼란이라는
'비정상적인 사태'에서 '정상성'을 회복한 '좋은 시대'였
다고 독일인들은 기억했다.

특히 사람들은 1936년을 전환점으로 보았다. 징병
제가 도입되고 군사적인 수요가 완전하게 회복되었다.
실업자가 거리에서 직장으로 돌아가고 탄광에서는 일거
리가 남아돌았다. 모두 일과 빵을 다시 손에 넣어 기뻐
했다. 공황 시대의 궁핍은 끝났다. 1939년까지 모든 것
은 좋았다. 전쟁이 나지 않는 한 모든 것은 좋았다. 누구
나 살 수가 있고 일을 할 수 있어서 모두 만족했다.

'독일에 가장 크게 공헌한 위대한 독일인'은 누구인
지라고 묻는 조사에서 1950년대에는 10퍼센트 정도가

히틀러라고 답했다. '전쟁이 없었다면 히틀러는 위대한 사람인가?'라는 질문에 대해서는 1950~1960년대에는 40퍼센트 전후가 그렇다고 답했지만, 1970년대에는 50 퍼센트 전후, 1980년대에는 60퍼센트 전후, 1990년대에는 70퍼센트 전후로 계속 올라갔다.

히틀러를
이해하기 위한
매우 짧은
독일사 입문

———————

이 책에서 독일 역사나 반유대주의의 전모를 설명할 수
는 없지만, 간단하게 몇 가지는 기억하도록 하자. 고대
에 여러 게르만족이 살던 독일 땅은 게르마니아Germania
로 알려졌으나, 로마제국 때부터 훈족, 스웨덴인, 러시아
인, 프랑스인 등의 침범에 의해 1648년 베스트팔렌조약
에 따라 약 300개의 지역으로 나누어져 있었다. 그리고
오랫동안 후진을 면치 못하고 지배층은 항상 프랑스를
모방하려고 했다.

그 후 프랑스혁명은 독일 지배층에 도리어 민중에 대한 공포를 야기해 계몽적 이성을 거부하게 만들었다. 이는 특히 나폴레옹의 침략으로 인해 더욱 강화되었다. 그 결과 이성까지 포기하고 민족주의가 다시 불타올랐다. 그것을 상징하는 책이 요한 고틀리프 피히테Johann Gottlieb Fichte의 『독일 국민에게 고함』이었다.

따라서 나치즘은 독일의 역사에서 단순한 우연은 아니었다. 그것은 19세기부터 시작된 범게르만 민족주의의 연장이었다. 그 사상적인 선구자로 피히테 외에 아힘 폰 아르님Achim von Arnim(독일의 소설가), 베른트 하인리히 빌헬름 폰 클라이스트Bernd Heinrich Wilhelm von Kleist(독일의 소설가), 게오르크 빌헬름 프리드리히 헤겔Georg Wilhelm Friedrich Hegel, 하인리히 폰 트라이치케Heinrich von Treitschke(독일의 역사가), 파울 드 라가르드Paul de Lagarde(독일의 동양학자), 빌헬름 리하르트 바그너Wilhelm Richard Wagner, 프리드리히 빌헬름 니체Friedrich Wilhelm Nietzsche 같은 사람들이 있었다.

특히 니체에 대해서는 논쟁이 있다. 버트런드 러셀

Bertrand Russell은 『서양 철학사』에서 니체의 '권력의 의지'가 인간에 대한 공포와 증오에서 비롯된 것으로 정복자들을 찬미했다고 비판했다. 또 죄르지 루카치György Lukács는 『이성의 파괴』에서 히틀러를 니체의 유언 집행자라고 불렀다. 그 밖에도 많은 사람이 니체 철학에 나오는 초인,. 바그너 열광, 반지성주의, 반도덕주의, 반민주주의, 반사회주의 등을 비판했다. 나도 『반민주적인, 너무나 반민주적인』이나 『니체는 틀렸다』라는 책에서 그렇게 비판했다. 그러나 이에 대해서는 상당한 반론도 있음을 지적하는 것이 공정한 태도일 것이다.

민족주의가 극단에 이르면 국가권력은 확대되기 마련이다. 앞에서 말한 피히테는 기본적으로 자유주의 사상가였지만, 목적을 달성하기 위해서는 잠정적으로 폭군과 같은 존재가 필요하다고 주장했다. 요한 고트프리트 폰 헤르더Johann Gottfried von Herder와 같은 낭만주의 시대의 민족주의자들은 전권을 갖는 군주 1인에게 주권을 귀속시키는 전제정치가 이상적이고, 그것은 추상적이고 비인격적인 법률보다도 게르만 민족의 미덕인 충성에 토대를 두어야 한다고 주장했다.

그들은 군주를 최상위 공무원이라고 본 계몽군주제를 비판하고 고대나 중세의 독재군주제가 필요하다고 했다. 국가권력이 최고의 가치가 되면 폭력과 전쟁도 비판할 수 없었다. 피히테가 민족의 생존권을 확보하기 위한 방어적 전쟁은 정당한 전쟁이라고 주장한 것을 위시해 많은 사람이 전쟁을 긍정했다.

독일에서는 경제 분야에서도 일찍부터 민족주의나 자급자족주의가 대두했다. 가령 피히테는 1800년 『폐쇄된 상업국가』라는 책에서 애덤 스미스Adam Smith의 자유무역주의를 배척하고 보호무역주의에 의한 자급자족주의를 주장했다. 경제는 국가의 계획에 따라 운영되어야 하고 국가의 허가 없이는 누구도 영업을 해서는 안 되며 민간인에 의한 외국 무역은 일절 금지되어야 한다고도 주장했다. 이러한 사상은 뒤에도 독일 영방의 관세동맹 Zollverein을 주장한 프리드리히 리스트Friedrich List 등 많은 사람에게 이어졌다.

그런 사상사적 연관에 대한 인식도 중요하지만, 독

일이 지정학적으로 유럽 중앙에 있던 탓에 언제나 외부의 영향과 침략에 노출되었다. 따라서 그 어느 나라보다도 민족의 정의와 정통성을 확실히 할 필요성이 있었음을 알 필요도 있다. 또 독일이 19세기 말까지 분열되어 다른 나라들보다 후진적이었다는 점도 민족주의를 불러일으킨 요인이 되었다.

그런데 민족주의는 외세인 프랑스에 대한 적대감만이 아니라 내부의 유대인에 대한 적대감을 불러일으켰다. 그 선구자는 바그너였다. 반유대주의를 고취하는 그의 책은 1914년까지 100만 부 이상 팔려나갔다. 1914년에 시작된 제1차 세계대전은 독일의 비이성이 낳은 결과였다. 전쟁에 패배하자 유대인들에게 책임이 돌려지면서 반유대주의는 더욱 극심해졌다. 히틀러는 그러한 풍토 속에서 대두했다.

독일에 유대인이 들어온 것은 1700년 전, 그러니까 기원후 300년경이다. 그 뒤 독일에서 유대인은 차별을 받았지만 영국, 프랑스, 스페인, 포르투갈에서와 달리 추방을 당하지는 않았다. 18세기 문헌에는 유대인을 옹호

독일에서는 일찍부터 유대인에 대한 적대감이 극에 달했는데, 제1차 세계 대전의 패배로 반유대주의는 더욱 극심해졌고, 그 풍토 속에 히틀러가 등장했다. 1928년경의 히틀러.

하는 것을 많이 볼 수 있었다. 당시 반유대주의가 있었어도 그것은 인종주의적인 것은 아니었다. 이처럼 반유대주의는 독일 역사에서 변함없이 등장하지는 않았다.

독일에서 유대인은 1871년 독일 통일과 함께 해방되었지만, 그것이 도리어 파국의 시작이 되었다. 당시 유대인들은 독일 인구의 0.7퍼센트에 불과했지만, 독일인보다 평균적으로 우수했기 때문에 질시를 받았다. 게다가 민족주의가 생물학과 결부되면서, 특히 조제프 아르튀르 드 고비노Joseph Arthur de Gobineau(프랑스의 민족학자)의 영향에 의해 반유대주의가 성행했다.

프랑스의 귀족인 고비노 백작이 인종주의의 고전인『인종 불평등론』4권을 쓴 것은 1848년 2월혁명 몇 년 후인 1853~1855년이었다. 부르주아와 노동자계급의 혁명적 요구에서 귀족의 이익을 옹호하고자 왕족의 계보를 끌어와 귀족계급이야말로 생래적으로 우수한 아리아인종의 후손이라고 주장했다. 아리아인종이란 당시 유럽의 인종 분류 개념인 코카소이드Caucasoid, 즉 백인종의 최상위에 있는 것으로 여겨졌다.

그는 여러 인종과의 혼교混交로 인해 쇠퇴한 아리아 인종의 운명을 귀족계급의 그것과 비교해 인류 전체의 쇠망을 예언했다. 고비노의 주장은 프랑스만이 아니라 독일에서도 널리 수용되었다. 바그너가 그 대표였다. 히틀러도 읽은 『20세기의 신화』를 쓴 휴스턴 스튜어트 체임벌린Houston Stewart Chamberlain은 1916년 독일에 귀화한 영국인으로 바그너의 사위였다. 그는 아리아인종의 이상을 체현體現한 것이 독일 민족이라고 주장했다.

나쁜 혈통이나
성적 불량 탓만은
아니었다

히틀러의 악마성을 강조하려는 듯 그의 대단한 '출생의 비밀'을 캐내려는 드라마틱한 노력이 있었다. 가령 히틀러의 할머니가 동거남 사이에서 혼외자로 히틀러의 아버지인 알로이스 히틀러Alois Hitler를 낳았다거나, 할머니가 하녀로 일하던 유대인과의 불륜으로 알로이스 히틀러를 낳았다거나, 할머니와 체코계인 삼촌 사이에서 알로이스 히틀러를 낳았다는 이야기 등이다. 그 뒤 동거남은 사라지고 알로이스 히틀러는 할머니의 성으로 삼촌

집에서 자라다가 입양되면서 히틀러라는 성으로 불렸다고도 한다. 할머니 집안이 보헤미아 출신이어서 뒤에 히틀러에게 '보헤미아 상등병'이라는 별명이 붙었던 것은 사실이지만, 그 밖의 이야기들은 대부분 근거가 없다.

그런데 인터넷에는 흥미 위주의 자극적인 정보가 끊이질 않는다. 가령 알로이스 히틀러는 초등학교 학력으로 세무서장(세관장)이 된 입지전적인 인물로 결혼도 3번이나 했는데, 그에게도 불륜의 과거가 있었다고 한다. 첫 번째 결혼은 상사의 친척인 스무 살 이상의 연상이었던 돈 많은 여자와 했는데 아내가 앓아눕자 하녀를 임신시키고, 아내가 죽자 그 하녀와 결혼해 히틀러의 이복 형제자매들을 두었다는 것이다. 그리고 하녀가 죽기 전에 바람을 피운 종질녀와 세 번째 결혼을 해서 낳은 첫 아들이자 외아들이 히틀러라는 것이다. 그런데 그 종질녀란 삼촌의 손녀인데 그 삼촌이 알로이스 히틀러의 생부라면 히틀러의 생모는 아버지와 5촌간인 셈이다. 히틀러의 어머니는 아버지보다 스물세 살이나 어렸다. 그러나 그런 가계가 히틀러의 극악을 낳은 것은 아니

라는 전제에서 우리는 히틀러에 대한 이야기를 시작해
보자.

1889년 4월 20일, 히틀러는 독일과 오스트리아(당
시에는 합스부르크 제국)의 접경 도시인 브라우나우 암 인
Braunau am Inn, 즉 도나우강 지류인 인Inn 강변의 브라우
나우라는 작은 마을에서 태어났다. 얼마 후 같은 도나우
강변의 린츠Linz로 이사해 어린 시절을 보냈다. 아버지는
난폭하고 권위주의적이었고 특히 히틀러의 학업 부진에
불같이 화를 냈지만, 그 점도 히틀러를 극악으로 몰고
간 요인은 아니었다. 정말 그렇다면 나 같은 세대의 한
국인은 대부분 히틀러 같은 인간이라는 비난을 면하지
못할 것이다.

일부 심리학자들은 오이디푸스 콤플렉스를 들어 히
틀러와 아버지의 불화가 히틀러로 하여금 유대인에 대
한 증오를 갖게 했다고 하는데, 아버지와의 관계에서 그
가 유난히 유대인을 싫어했을 만한 이유는 찾을 수 없
다. 또 어렸을 때 유대인한테 강간당했다느니, 어머니가
유대인과 바람을 피웠다느니, 아버지가 실은 유대인이

히틀러의 악마성을 강조하려는 듯
근거가 미흡한 이야기들이 넘쳐난다.
특히 히틀러와 아버지의 불화에 대
한 이야기가 많다. 1세 때의 히틀러.

었는데 히틀러를 못 살게 굴었다느니 하지만 역시 근거 없는 이야기다.

그러나 아버지는 히틀러가 자신처럼 관리가 되기를 바랐다는 점은 분명한 사실이고, 히틀러가 관리를 혐오했음도 사실이다. 이 점도 그의 아버지든, 히틀러 자신에게든 그의 극악과는 무관하다. 히틀러는 초등학교를 졸업한 12세에 실업학교에 들어갔지만, 1학년 때 낙제를 하고 15세에 슈타이어Steyr의 실업학교에 전학했다. 여기서 낙제와 극악도 무관하다. 성적이 좋지 못한 점에 대한 콤플렉스 때문에 인간성이 비뚤어졌다는 주장도 있지만 전혀 근거가 없다. 그러한 주장은 히틀러에 대한 책을 쓰는 사람들이 모두 학교 성적이 좋은 우등생인 탓이 아닌지 모르지만, 공부를 못한다고 해서 인간성이 비뚤어진다는 주장이야말로 참으로 황당한 것이다.

아버지는 이미 1903년에 사망해서 히틀러는 학교를 그만두고 린츠로 돌아와 희망하는 직업도 없이 바그너의 오페라에 사로잡혀 지냈다. 나는 히틀러가 바그너에 심취한 것에 최초의 문제점이 나타난다고 본다. 왜냐하면 암흑 같은 어둠 속에 횃불이 타오르고 나치 깃발이 휘날리는 대집회장에서 광란의 히틀러 연설이 끝나면 바그너의 음악이 울려 퍼졌기 때문이다. 영화 〈지옥의 묵시록〉에 나오는 바그너 음악과 함께 폭격을 하는 장면을 연상하게 한다. 한국에도 다수 있다고 하는 바그너 숭배자들은 바그너에 대한 최대의 비난인 그의 작품이 히틀러의 제3제국에 의해 문화적 상징으로 사용되었다고 하는 점을 부정할 것이다.

히틀러가 어려서부터 바그너를 열광적으로 좋아한 것은 분명한 사실이다. 특히 〈방랑하는 네덜란드인〉의 험한 파도를 헤치고 나아가는 선원들의 합창, 〈탄호이저〉 서곡에 나오는 진군의 나팔소리, 전쟁의 여신이 나오는 〈발퀴레〉와 〈로엔그린〉의 전투 장면은 전쟁광인 히틀러를 열광시켰다. 물론 바그네리안Wagnerian(바그너 추종자)들이 주장하듯이 바그너의 작품이 그 의도와 달리 나치에 의해 악용된 것이 아니라 그의 작품 속에 그러한 이용을 가능하게 한 요소가 포함되어 있었는가 하는 점은 여전히 논의되고 있다.

왜냐하면 바그너의 사상과 저작, 특히 만년의 그것이 공공연히 노골적으로 반유대주의와 인종주의를 드러내고 있고, 1870년대의 바그너와 제3제국을 연결하는 문화적·정치적 전통이 사실상 존재하기 때문이다. 물론 바그너의 음악을 좋아했다고 해서 바로 히틀러의 모든 것이 결정되었다고 볼 수는 없지만, 가장 중요한 토대가 바그너 음악이었음을 부정할 수는 없다.

히틀러는 화가가 되기 위해 1907년 빈으로 떠났다. 그러나 전통적인 것에 사로잡힌 그는 국립미술학교 시험에 2번이나 떨어졌다. 그는 바그너식의 영웅극을 쓰고 오페라 작곡을 시도했고 무대 장식화를 그렸다. 이 정도의 바그너 심취보다 더욱 중요하게 히틀러를 미래의 독재자로 훈련시킨 것은 빈이라는 도시 자체였다.

당시 빈은 반유대주의 선동가 카를 뤼거Karl Lüger의 도시였다. 1910년 사망할 때까지 13년간 빈 시장으로 재임한 뤼거는 로마 가톨릭교회를 기반으로 한 보수 정당인 기독사회당의 공동 설립자로서 소상인과 자영업자들의 지지를 얻고자 반유대주의를 이용했다. 즉, 유대인들이 자본을 독점하고 있고 최악의 테러를 하고 있다고 하면서 기독교도인 독일 민족을 유대인의 지배에서 해방시켜야 한다고 주장했다.

히틀러는 뒤에 빈에서 유대인 문제를 연구했다고 한다. 바그너의 반유대주의 책인『음악에 나타난 유대적 특성』을 비롯해 반유대주의에 대한 책이나 잡지도 열심히 읽었다. 바그너는 유대인 음악가들은 얕고 인공적인 음악만 쓸 줄 안다고 경멸하면서 유대인은 멸망할 것이라고 주장했다. 바그너의 음악에도 반유대주의가 나타났다.

가령 〈니벨룽의 반지〉의 미메Mime나 〈뉘른베르크의 마이스터징어〉의 직스투스 베크메서Sixtus Beckmessere와 같은 인물은 비록 유대인으로 설정된 것은 아니지만 반유대적인 전형적 인물이었다. 바그너는 예수 그리스도를 유대인이 아닌 그리스 혈통이라고 주장하고, 구약성서와 신약성서 간에는 아무런 관계가 없으며, 이스라엘의 신은 예수의 아버지인 그 신과 다르고, 십계명은 기독교의 교훈에 있는 자비와 사랑을 결여하고 있다고 주장했다.

히틀러는 빈에서 실패하고 당시 예술의 중심지였던 뮌헨으로 갔다. 그러나 야수파, 인상주의, 입체주의, 초현실주의 등의 혁신적인 화풍들이 인기를 끌던 미술계의 흐름을 파악하지 못했다. 자신의 딱딱한 화풍만을 너무 선호한 히틀러는 건축물에 대한 단순한 모사화 몇 장만을 남기고 화가의 꿈을 포기했다. 히틀러가 사람을 잘 그리지 못해 인물화는 거의 손대지 않았고 풍경화에서도 배경의 사람들은 간략하게만 묘사한 점에 대해 그가 인간을 무의미한 존재로 생각했기 때문이라는 심리학적 추론이 있지만 제대로 된 근거는 없다. 단순히 개인의 풍경화 취향에 따른 것을 수도 있다. 히틀러가 화가로 성공했더라면 제2차 세계대전이라는 비극이 없었을 것이라고 안타까워하는 사람들도 있지만 역시 쓸데없는 가정법에 불과하다.

히틀러가 뮌헨으로 이주한 실리적 동기는 여러 민족이 모여 있는 오스트리아군에 징집당하기 싫어서 뮌헨에 오면 징집을 면하리라고 생각한 것이었다. 특히 자신이 혐오하는 슬라브 병사들과 같이 싸울 수 없다는 것이었다. 그러나 1914년 1월 그는 뮌헨 경찰에 체포되고 잘츠부르크Salzburg로 이송되어 병역 기피 혐의로 군법회의 재판을 받았다. 판결은 '군대가 무서워서 도망칠 정도의 겁쟁이는 필요 없다'고 볼 정도의 심신미약과 재정적 기반이 없음 등의 이유로 면제 처리를 받았다. 히틀러는 쿠데타 음모로 재판을 받았을 때 판사들의 비호로 결국 독재자로 성장해가는 기회를 잡게 되는데, 1914년의 최초 재판에서도 그는 운이 좋았다고 할 수 있다.

그 몇 달 뒤인 7월 말 제1차 세계대전이 발발했다. 독일 통일 이후 독일제국은 불패를 자랑하는 강력한 국가로 1914년 당시에는 거의 모든 독일인이 조국의 승리를 의심하지 않았다. 따라서 독일 국민은 전쟁을 환영했고 특히 무직자인 히틀러에게는 직업을 제공해주는 '구원'의 기회가 되었다. 그래서 이번에는 독일 정부에 청원까지 해서 바이에른 왕국군에 자진 입대했다. 히틀러는 청원서를 낸 지 하루 만에 청원서가 받아들여졌다고 주장하지만, 이는 공식적으로 확인되지 않는다.

25세의 히틀러가 배속된 바이에른 왕국 육군의 제 16 예비보병연대는 2개월의 속성 훈련을 마치고 서부 전선 플랑드르Flandre 방면(프랑스 북동부)에 배치되었다. 1914년 11월 1일 히틀러는 상병으로 진급해 연대 사령부의 연락병으로 활동했으나, 통솔력이 없다는 이유로 하사관으로 승진은 되지 않았다. 1916년 10월 9일 부상을 입고 2개월 정도 입원하기도 한 그는 1918년 6월 전쟁 말기에 1급 철십자 훈장을 받았는데, 훈장을 추천받은 이유는 기록이 말소되어 정확하게 알 수 없다.

종전이 가까워진 1918년 9월 말, 히틀러는 영국군의 독가스 공격을 받았다. 그는 일시적으로 시력을 상실했다고 주장했지만 증거는 없다. 북독일 병원에서 치료를 받으면서 그는 독일의 패배 소식을 들었다. 그는 대부분의 독일인처럼 엄청난 충격에 빠졌다. 히틀러는 뮌헨으로 돌아갔다. 대부분의 병사와 달리 히틀러는 군대에 계속 남아 있기를 희망했다. 군인으로서 사명감이 아니라 먹고살기 위해서였다. 이 점 역시 히틀러를 이해하는 데 중요하다. 독재자가 되고 싶은 자는 쓸데없는 사명감 따위가 아니라 철저히 기회주의자여야 한다는 점이다.

히틀러는
정치를
시작할 때부터
기회주의자였다

――――――――

1919년 4월 히틀러가 30세 생일을 맞았을 때, 지금까지
평범한 패잔병에 불과했던 히틀러의 삶이 별안간 바뀌
었다. 즉, 부대 내 병사평의회의 대의원으로 선출된 것
이었다. 당시에는 부대마다 병사평의회가 설치되었고,
장병들도 혁명파에서 반혁명파까지 다양했다. 히틀러도
혁명파는 아니었다.

당시 뮌헨에서는 공산주의자들이 바이마르공화국
을 부정하며 소련식 볼셰비즘 정권을 수립했다. 히틀러

는 볼셰비즘 정권을 타도하는 데 힘을 쓰기는커녕 그 휘하 대대의 대의원으로 활동하면서 기회주의적이고 시류에 영합하는 모습을 보여주기는 했어도 혁명 좌파에 반감을 품었다. 히틀러는 정치적 이념에 의해서 볼셰비즘 군사 활동에 참여했다기보다는, 단지 제대하지 않고 가능한 한 군대에 오래 남고 싶다는 이유로 기회주의적인 입장을 취했다.

5월이 되자 바이마르공화국 정부가 동원한 반혁명 우익 의용군에 의해 뮌헨의 공산주의 정권이 타도되고, 히틀러 부대에도 숙정위원회가 설치되자 히틀러는 그 위원으로 발탁되었다. 히틀러는 부대 내 혁명파들을 조사하고 적발해서 상부의 인정을 받았다. 이어 1919년 5월 11일 소비에트 공화국을 무너뜨리는 데 관여한 바이에른 군대를 모태로 하여 폰 묄Von Möl 소장의 지시로 바이에른 제국군 제4 집단사령부가 창설되었다. 뮌헨 볼셰비즘 정권 붕괴 후 의용군과 같은 군대 집단에 의해서 뮌헨 행정이 복구되기 시작하면서 히틀러 역시 해당 군대에서 활동을 하게 되었다.

당시 뮌헨은 극단적으로 혼란한 상태였으므로 새로운 민족주의와 반볼셰비즘 이론을 군대에 교육하는 일이 시급했다. 카를 마이어Karl Mayr 대위가 그 책임자였다. 그는 1919년 6월 뮌헨대학에서 연수 코스를 열었다. 독일 대학이 이미 우리나라 대학처럼 군대와 직결되었던 것이다. 이 점에 대해 우리는 깊이 논의할 여유가 없지만, 히틀러와 같은 기회주의적 반공군사독재를 비판해야 할 대학이 도리어 그런 썩어빠진 보수정치의 온상이었다는 점은 한국 대학의 현실과 관련해 깊이 성찰할 필요가 있는 문제다.

대학 연수 코스의 강사는 유명한 우파 논객들이었다. 가령 '이자 노예제의 타파', 즉 유대자본주의의 본질인 이자제도를 폐지하고 은행을 국유화해야 한다고 주장해 좌우측에서 주목을 받은 경제학자 고트프리트 페더Gottfried Feder 등이었다. 수강자가 몇 명이었는지는 알 수 없으나 히틀러가 그 한 명이었음은 분명하다. 히틀러는 그곳의 강사이자 뮌헨대학의 역사학 교수인 카를 알렉산더 폰 뮐러Karl Alexander von Müller의 추천으로 선전

1919년 6월 카를 마이어는 뮌헨대학에서 연수 코
스를 열고, 유명한 우파 논객들에게 강의를 하게 했
다. 그 수강생 중에는 히틀러도 끼여 있었다. 제1차
세계대전 참전 당시의 히틀러(앞줄 맨 왼쪽).

첩보부에 임용되었다.

히틀러는 1919년 8월 말, 귀환병 앞에서 교육을 시작했다. 이러한 교육을 하는 과정에서 히틀러의 반유대주의가 형성되었음을 당시 그가 쓴 편지에서 읽을 수 있다. 9월 11일, 마이어의 명령에 의해 시찰 조사를 목적으로 나치당의 전신인 '독일노동자당Deutsche Arbeiterpartei'의 집회를 찾아갔다. 그것은 당시 뮌헨에서 우후죽순처럼 생겨난 반유대주의적 군소 정당의 하나로 1919년 1월에 창당되었다. 히틀러가 그곳을 찾았을 때의 당원 수는 50명 정도였다.

허름한 창고에서 열린 9월 월례집회에서 초청받은 고트프리트 페더 교수가 이자 노예제에 대한 강연을 하고, 이어 바우만Baumann 교수가 바이에른 분리주의를 옹호하는 강연을 하자 히틀러가 독일의 일체성을 유지해야 한다는 취지에서 반론을 제기했다. 독일노동자당 창립자이자 당시 당 의장이던 안톤 드렉슬러Anton Drexler가 히틀러의 연설에 감명을 받고 그에게 입당을 권유하자 히틀러는 입당했다.

히틀러가 드렉슬러의 국민사회주의에 공감한 것은 사실이지만, 곧 닥칠 제대 이후에 해볼 만한 일이라고 생각한 탓이기도 했다. 지금 한국에서처럼 군인이 정치활동을 하는 것은 당시 독일에서도 당연히 금지되었지만, 히틀러는 그것을 전혀 의식하지 않았고, 마이어를 비롯한 군인들도 문제 삼지 않았다. 한국의 일부 정치군인들이 그러하듯이 말이다.

히틀러가 뮌헨에서 군대 선전 활동을 할 때 독일에서는 바이마르공화국 정부가 수락한 베르사유조약을 둘러싸고 나라 전체가 시끄러웠다. 이 조약의 내용은 독일 측에 교섭의 여지를 인정하지 않은 강제 조약으로 독일에는 가혹하기 짝이 없었다. 독일은 이 조약으로 인해 구^舊제국 영토의 약 13퍼센트와 700여 만 명의 인구를 상실하고 식민지와 해외 영토를 몰수당하는 등의 엄청난 손해를 보았다.

게다가 징병제는 금지 당하고 참모본부는 해체되었으며, 병력도 육군 19만 명, 해군 1만 5,000명으로 제한되었다. 특히 배상금은 최종적으로 1,320억 마르크로

정해졌다. 이에 충격을 받은 독일인들 중에는 조약 조인을 거부해야 한다는 여론이 높았지만, 그것을 거부하면 전쟁이 재개된다는 두려움도 있었다. 그래서 국민의 분노는 바이마르공화국 정부를 향했고, 국민의 지지를 잃은 좌파 대신 구체제 우파의 지지 세력이 대두했다.

그 우파의 하나인 독일노동자당은 국유 철도공장의 노동자인 안톤 드렉슬러 등이 창립했으나, 상당 기간 갈피를 잡지 못했고, 결국 히틀러가 주도권을 잡아 점차 정당으로 자립해나갔다. 이를 보여주기 위해 히틀러와 드렉슬러는 공개 집회를 열어 당명을 국가사회주의독일노동자당Nationalsozialistische Deutsche Arbeiterpartei으로 바꾸었다. 그 약칭이 NSDAP, 나치당이었다.

나치는
25개조
강령으로
시작되었다

───────────

1920년 2월 24일, 2,000여 명의 청중이 모인 맥줏집에서 당의 '25개조 강령'이 발표되었다. 그것은 히틀러가 아니라 고트프리트 페더가 작성한 것이었다. 히틀러는 그 뒤 『나의 투쟁』을 집필할 때 전술적 문제에 중점을 두고 그것을 고쳐 책에 수록했다. 또 페더는 그 뒤에도 계속 새로운 주석을 붙여 강령의 내용을 변화시켰다. 1920년의 강령에는 당시 혁명의 열기가 남아 있었던 탓에 사회주의적인 색채가 가미되어 있었으나, 1927년 이후의 강령에는 그것이 상당히 제거되었다. 따라서 그런 변화를 전제하면서 다음 강령을 읽어보도록 하자.

강령의 첫 3개조는 베르사유조약이 새로 정한 독일 국경을 수정하고 국경 밖 독일인을 포함하는 대독일국가를 실현한다는 것이었다. 이어 4~10조에서는 독일 국민의 권리 의무를 규정하면서 독일인의 피를 갖지 않은 유대인의 공민권을 박탈한다고 선언했다. 11~18조는 '공익'에 관해 불로소득 금지, 이자 노예제 타파, 전시 이득의 완전 몰수, 트러스트기업의 국유화, 대기업 이익배당에 참여, 양로제도 확충, 건전한 중간층의 창설과 유지, 대백화점의 전시 공유화, 소기업 보호, 공익 목적의 토지 무상 몰수, 지대 폐지, 토지 투기의 방지 등이었다. 마지막 19~25조는 유물주의적인 로마법 폐기, 빈곤 아동 교육의 국가 부담, 모자 보호, 소년 노동 금지, 청소년 체육 장려, 국민보건 향상, 국민군 창설, 언론계의 유대인 배제, 반유대적인 적극적 기독교, 강력한 중앙집권제 창설 등이었다.

나치당은 이 강령 4조에서 보듯이 혈통을 기준으로

하여 국민을 정의하고 이에 근거해 유대인을 국민에서 배제한 점에서 기존의 종교적 차이에 근거한 반유대주의를 넘는 인종주의 운동이었음을 명시했다. 동시에 11조 이하에서 보듯이 히틀러는 중하층의 위기의식에 호소해 중하층을 자신의 지지 기반으로 삼고자 하는 의도를 명백히 보였다.

이 강령을 좀더 자세히 보기 위해 그 내용을 5가지로 분류해보자. 첫째, 인종주의다. 무엇보다도 강령은 독일 민족의 혈통을 지닌 자에 대해서만 독일 시민으로 인정했다. 따라서 유대인은 외국인으로서 어떤 공직에도 취임할 수 없고 토지도 소유할 수 없다고 했다. 그리고 1914년 8월 2일 이후 독일에 이주한 비독일인은 독일을 떠나야 한다고 규정했다. 그 밖의 외국인에게는 독일 국민에게 필요한 식량 공급에 지장을 초래하지 않는 범위 내에서 거주가 허용되었다.

둘째, 대외 정책이다. 베르사유조약의 즉각 파기와 민족자결권의 보장에 의한 타국과의 동등 규정, '대독일 통일' 규정이다. 1927년에는 이 조항이 게르만민족의 혈통을 이어받은 모든 외국인의 거주지까지 국경을 확장해야 한다는 내용으로 확대되었다. 당시 그 방법은 무력이 아니라 주민 투표라는 방법에 의해야 한다고 했으나, 그것은 어디까지나 원칙에 불과하고 주변의 사정이 달라지면 언제나 변경될 수 있는 것이었다.

셋째, 경제·사회 정책이다. 무엇보다도 노동을 국민의 의무로 규정했다. 우리 헌법에도 1948년 이래 지금까지 국민의 4대 의무 중 하나로 근로의 의무가 규정되어 있지만, 사실 이는 법적인 의미를 갖는 것은 아니어서 폐지 논의도 있는데 그 기원이 나치였다면 더욱더 심각하게 그 폐지를 고려해야 한다. 그러나 나치 강령의 경제정책은 독일을 '이윤의 사슬'에서 해방시키고 '수익성'이라는 개념을 버려야 하며 그 유일한 목표는 국가의 '필요'를 충당하는 데에 있다고 규정한 점에 특징이 있었다. 이는 국가에 의한 계획경제를 뜻했다. 앞에서 보듯이 강령에는 사회주의적 요소, 즉 독점대기업의 국가관리(13조), 대기업의 노동자 이익 분배(14조), 토지 무상 수용 등의 농지 개혁(17조) 등이 포함되었으나, 그것들은 곧 유명무실하게 되었다. 왜냐하면 국가사회주의는 사유권을 전제로 한다고 명백하게 선언되었고, 이에 따라 대기업의 보호가 인정되었기 때문이다. 노동자의 이익 분배도 속임수에 불과했고, 농지 분재分財도 곧 사문화되었다.

넷째, 법과 교육 등의 개혁이었다. 언론에서는 유대인이 독일 신문에 관여하는 것을 금지하는 것 외에 특별한 규정이 없었다. 법 개혁도 로마법, 즉 나폴레옹 민법전을 폐지하고 유물론적 색채가 적은 게르만법을 채택해야 한다고 규정했다. 교육에서도 스포츠 교육의 강화와 실생활에 적합한 교육과 공민교육을 포함시켰다. 그러나 히틀러는 『나의 투쟁』에서 기술 편중 교육을 비판하면서 일반교양과 그리스문화를 교육에서 중시해야 한다고 하는 모순된 주장을 했다. 그리고 민족의 도덕적 감정을 해치지 않는 범위 안에서 종교의 자유를 인정하고, 특히 기독교를 '적극적으로' 지지한다고 선언했으나 그 내용에 대해서는 구체적으로 명시하지 않았다.

다섯째, 국가의 형태다. 강령은 독일이 강력한 중앙

집권 체제로 가야 한다고 규정했다. 강령에서는 중앙에 하나의 의회를 둔다고 하면서도 정당의회제는 폐지되어야 한다는 모순된 규정도 함께 두었다. 이러한 모순은 『나의 투쟁』에서 의회를 자문기관으로 봄에 따라 해결되었다.

이러한 '25개조 강령'에 대해 그것이 당의 정책과는 아무런 관련이 없는 것이라고 보고 아예 무시하는 조지 세이빈George Sabine 같은 정치학자(조지 세이빈의 『정치사상사』는 한국에서 몇 번이나 번역된 유명한 책이다)를 비롯한 많은 사람의 견해에도 일리가 없지는 있지만, 이는 제대로 된 정치학자의 성실한 태도라고 볼 수 있는 것은 아니다.

그들이 주장하듯이 1933년 선거 유세에서 히틀러가 정강 발표를 거절하면서 "모든 정강은 헛된 것이다. 결정적인 것은 인간의 의지, 건전한 통찰력, 남자다운 용기, 성실한 신념, 내적인 의사, 이러한 것들이다"라고 주장한 것도 사실이고, 그가 그런 말을 되풀이한 것도 엄연한 사실이다. 그러나 '25개조 강령'에는 히틀러 정치 프로그램의 모든 것이 이미 분명히 드러나 있다. 1933년 그가 정강을 '헛된 것'이라고 말한 것은 그보다 히틀러의 인간적 요소가 중요하다는 점을 강조하기 위한 것에 불과했다.

이런 태도는 파시즘이나 나치즘이 아무런 철학도 갖고 있지 않았고 군중심리와 폭력주의의 혼합에 불과했고 그들이 권력을 획득하고 유지하는 것 외에는 아무런 목적을 갖고 있지 않았다는 결론에 이른다. 그러나 세상의 어떤 정치가가 철학만으로 정치를 했는가? 누군들 군중심리를 살펴 권력을 취득하는 것에 혈안이 되지 않았는가? 철학의 나라라는 독일에서 나치즘은 '건전한 통찰'과 '내적인 의지'에 의한 '창조적인 것'으로 얼마나 찬양되었던가? 게다가 이마누엘 칸트Immanuel Kant나 헤겔이나 피히테나 니체까지도 그 선구자들로 여겨지지 않았던가? 그뿐만 아니라 독일과 적국이라는 영국에도 토머스 칼라일Thomas Carlyle 같은 선구자가 있었고, 프랑스에도 히틀러를 찬양한 철학자가 많지 않았던가?

히틀러와 나치당이 권력을 잡을 수 있었던 이유에

는 몇 가지 공약과 강령이 가진 엄청난 호소력 덕분이 었음을 무시할 수 없다. 물론 나치즘은 하나의 체계적인 주의나 사상이나 학설이나 주장이 아니라 하나의 정치 적 행동이었다. 나치당이 취한 행동은 그야말로 그때그 때의 정세 판단에 따라 내려진 것으로, 언제나 기회주의 적인 것에 불과했다. 순간순간마다 공격을 가해야 할 상 대방의 약점을 발견하고, 그때마다 전혀 서슴지 않고 행 동에 나서는 광신적 직관주의자의 기회주의적 행동이었 다. 그것은 언제까지나 만족할 줄 모른다고 하는 영원한 욕망 추구이기도 했다. 그 유일한 목적은 권력 확장이었 기 때문에 정지라는 것은 있을 수 없었고, 따라서 끊임 없이 새로운 적을 만들어야 하는 것이 필연적이었다.

일관된 유일한 교의는 인종주의뿐이었다. 그것도 독 일인이 최고 인종이라고 하는 터무니없는 애국심에 근 거한 미신적인 자민족 우월주의의 인종주의였다. 나치 당의 민족주의적 정책이나 제국주의적 계획은 모두 그 러한 인종주의에 근거한 것이었다. 과학적으로 증명할 수도 없고 이성을 초월한 인종주의는 나치당에는 종교적 신념과 같은 맹목적인 믿음이었다. 그것이야말로 히틀러의 군사독재가 다른 독재와 구별되는 유일한 차이점이라고 해도 과언이 아니다.

히틀러의 탁월한 연설 능력과 천부적인 선전선동 능력에 의해 나치당은 무수한 극단주의 군소 정당의 하나에서 점차 세를 늘려가기 시작했다. 군대 퍼레이드를 모방해 대열을 짠 가두행진, 트럭 짐칸에 제복을 입은 당원 수십 명을 태워 행하는 시위 행동, 본래는 공산주의의 상징이었던 적색을 기조로 한 전단지나 포스터 등으로 사람들의 눈길을 끌었다. 당의 공개 집회도 매주 맥줏집에서 열었고, 입장객 수는 갈수록 늘어났다.

무엇보다도 히틀러의 연설이 압권이었다. 청중에 따라 다양한 시사 문제를 주제로 연설했지만 언제나 처음에는 독일의 암담한 상황을 조용하게 말하는 것으로 시작했다. 그 원인이 무엇인지, 왜 이렇게 되었는지, 어떻게 하면 잃어버린 미래를 되찾을 수 있는지를 지극히 단순한 선악 이원론에 근거해 설명했다. 특히 모든 악의 근원은 유대인, 마르크스주의자, 바이마르공화국 의회

히틀러는 탁월한 연설과 천부적인 선전선동에 능했는데, 그는 자신을 '영웅을 위한 선동가'라고 생각했고, 자신이 독일을 구할 영웅이라고 믿었다. 1923년 수행원들과 함께한 히틀러.

정치가라고 주장했다. 유대인은 내부의 양분을 빨아먹는 기생충이자 언론을 지배하고 도덕을 부패시키며 마르크스주의로 민족의 단결을 저해한다고 주장했다. 그들은 전쟁으로 폭리를 취하고 혁명을 고취해 독일을 패배시켰으며 자기들을 위해 바이마르공화국을 만들었다고 주장했다.

이러한 주장은 대중들에게 너무나 쉽게 먹혔다. 그래서 히틀러는 자신을 '영웅을 위한 선동가'라고 생각했고, 자신이 곧 독일을 구할 영웅이라고 믿었다. 그 결과 히틀러 개인당으로 변하고, 1921년 중반에는 당에서 절대적인 권위를 굳힌다. 여기에는 당시 군대의 절대적인 지원이 있었음을 무시해서는 안 된다. 마이어는 히틀러를 군대의 확성기로 보고 히틀러의 공개 집회에 많은 장병을 출석하게 했고, 그들로 하여금 공산주의자를 집회장 밖으로 쫓아내기도 했다. 그래서 집회는 언제나 폭력적이었고, 그런 점은 대중을 더욱 흥분하게 만들었다.

그것은 히틀러의 전략에 의해 철저히 계산된 것이었다. 당의 전단지나 포스터 제작을 비롯한 활동은 대부분 군대의 지원을 받았다. 히틀러는 군대의 중요 인물들과도 교류했다. 그에게 심취한 사업가나 자산가들도 그를 지원하기 시작했다. 그 결과 히틀러는 나치당을 장악하기에 이르렀다.

보수적인
법원과 감옥이
히틀러를
살렸다

───────────

1922년, 33세의 히틀러는 '바이에른의 왕'이라고 불렸다. 그런데 뮌헨이 주도州都인 바이에른과 달리 다른 주에서는 나치당 활동이 금지되었다. 바이에른이 유독 히틀러를 용인하고 응원한 이유는 무엇일까? 바이에른 인구는 농민의 비율이 높고 가톨릭 신앙이 독실한 보수적인 곳이었다. 따라서 전후 뮌헨에서 생긴 혁명정부에 대한 반감이 다른 어떤 지역보다 거셌다. 1920년 3월, 베를린에서 군인이었던 자들이 공화국 타도와 군부 독재를 주장하며 쿠데타를 일으켰으나 전국 노동자의 파업으로 실패했다.

쿠데타 잔당들은 바이에른으로 흘러와 당시 바이에른 수상으로 선출된 보수파 거물하에서 바이마르공화국과의 대결을 선언했다. 그러는 가운데 바이마르공화국 정권의 장관들이 우익의 흉탄에 사망하는 사건이 이어졌다. 바이마르공화국 정부는 과격한 반체제파를 규제하고자 공화국방위법을 만들었으나 바이에른 주정부는 그것을 주의 권한에 대한 침해라고 주장하면서 거부했다. 나치당의 발전은 이러한 바이에른의 보수적인 분위기 속에서 가능했다.

1922년 11월, 이탈리아에서 파시스트당Partito Nazionale Fascista이 성립되었다. 당수 무솔리니는 정권 탈취를 위해 무장부대인 '검은 셔츠단'에 의한 로마 진군을 감행했다. 정부는 국왕에게 계엄령 발동을 요구했으나 왕이 거부하고 무솔리니에게 조각組閣 명령을 내렸다. 파시스트 정권의 출발이었다. 이에 충격을 받은 히틀러는 똑같은 가능성을 찾았다.

1923년은 독일의 배상 거부에 분노한 프랑스·벨기에 연합군이 독일의 공업지대인 루르Ruhr 지방을 점령한 것으로 시작되었다. 바이마르공화국 정부가 점령군에 대한 협력을 거부하는 '소극적 저항'을 하자 극단적인 인플레이션이 생겨나고 경제는 완전히 마비되었다. 독일 국민들은 극도로 격앙되었다. 점령 후 4개월 만에 프로이센에서 점령군에 대한 무장투쟁을 시도한 청년이 프랑스 군법회의에 의해 처형되자 분노의 화살은 바이마르공화국 정부를 향했다. 그 청년은 당시 프로이센에서는 나치당이 금지 당해 생긴 나치당 위장 조직의 멤버였다. 히틀러는 그 청년을 민족의 영웅으로 내세우며 바이마르공화국 정부를 민족의 적으로 공격했다.

　　수상이 퇴진하고 새 수상이 소극적 저항의 중지를 선언하자 우익이 조급해졌다. 사회민주당이 정권에 복귀한 것이 불에 기름을 부었다. 한편 공산당은 작센Sachsen과 튀링겐Thüringen 2개 주에서 노동자 정부를 수립해 바이마르공화국 정부와 대결했다. 이러한 엄청난 혼란 속에서 바이마르공화국 정부는 국민의 신뢰를 잃고, 군과 우익은 쿠데타를 통해 군부독재를 수립하고자 획책했다.

우익의 아성인 바이에른에서도 그런 음모가 공공연히 말해졌다. 그 무렵 나치당의 당원 수는 5만 명을 넘었으나 단독으로 정권을 쥘 가능성은 없어서 우익 단체들과의 공동 투쟁을 도모해 쿠데타를 시도했다. 1923년 11월 8일 밤, 히틀러는 맥줏집 폭동을 일으켰으나 실패했다.

당수 히틀러는 즉각 체포되고 나치당은 바이에른주를 포함한 독일 전역에서 정당 금지 처분을 받았고 돌격대Sturmabteilung(약칭 SA) 등의 관련 조직도 해체되었다. 그러나 히틀러에게는 행운이 따랐다. 국가 반역죄를 관할하는 라이프치히 국사법원에서 재판을 받지 않았다는 점이었다. 히틀러가 공화국방위법을 엄격히 적용하는 그곳에서 재판을 받았다면, 그는 15년 이상의 중형에 처해질 수 있었다.

그러나 바이에른주 법무부 장관이 히틀러를 라이프치히에 보내는 것을 거부하고 뮌헨에서 재판받게 한 것이다. 이는 히틀러를 위해서라기보다도 쿠데타에 관여한 다른 바이에른 보수파를 보호하기 위한 조치였지만, 히틀러에게는 유리하게 작용했다. 그 법무부 장관은 뒤에 히틀러 내각의 법무부 장관을 지냈다.

1924년 2월부터 4월까지 열린 재판도 히틀러에게는 행운이었다. 바이에른 법원은 바이마르공화국과 반대로 좌익에는 너무나 엄격했지만 우익에는 너무나 관대했다. 판사들이 제국 시대에 법을 공부하고 황제에게 충성을 맹세하고 판사가 되어 제국의 어용판사로 지내왔기 때문이다. 히틀러가 수많은 기자를 의식해 나치 선전을 방불하게 하는 모두진술을 3시간 반이나 해도 판사는 중단 없이 계속하게 허용했다. 그 판사는 1933년 바이에른 대법원장으로 임명되고 1937년 은퇴 시에 히틀러가 자필 헌정사를 보낼 정도로 그 은혜를 잊지 않고 갚았다.

검사의 기소가 오로지 히틀러에게만 책임을 돌린 점도 행운이었다. 히틀러보다도 당시에 중요했던 쿠데타 관련자들이 쿠데타 관여를 부정한 반면, 히틀러는 좌

히틀러가 감옥에 있는 사이 그의 인기는 하늘을 찔렀다. 그때 요제프 괴벨스를 비롯해 수많은 히틀러의 추종자가 생겼다. 1924년 란츠베르크 Landsberg 요새 감옥에 갇힌 히틀러.

파들의 폭동과 달리 애국심의 발로였다고 주장하면서 혼자 모든 책임을 진다고 하며 바이마르공화국 정부를 비난해 대중의 영웅으로 부각되었기 때문이다.

히틀러는 반란죄로 금고 5년형을 선고받았지만, 6개월 뒤 특사로 풀려났다. 5년형도 징역형이 아니라 명예형이라고 불린 요새형要塞形으로 면회나 음식도 자유로웠고 나치당을 지휘했다. 열혈 팬들이 가구와 꽃으로 감방을 장식했고 감옥장과 간수들은 애국자 히틀러에게 지극히 공손하게 대했다. 교도소 안에서 마음대로 돌아다니며 산책과 운동도 했다.

1924년 여름, 히틀러는 정계에서 은퇴한다고 발표했다. 물론 한국의 정치가들이 하는 것처럼 '가짜' 은퇴였다. 그런 쇼에는 실리적인 이유가 있었다. 특사로 풀려나기 위해서였다. 감옥 측은 히틀러가 폭력적 수단을 포기했다는 보고서를 올렸다. 물론 감옥 측이 히틀러가 쇼를 하고 있음을 몰랐던 것이 아니지만, 바이마르공화국의 민주주의를 반대한 감옥장과 간수들은 히틀러를 하루라도 빨리 풀어주고 싶었다.

히틀러가 감옥에 있는 사이 독일 전역에서, 아니 전 세계에서 몇 개월 동안 신문지상에 오르내린 결과 히틀러의 인기는 그야말로 하늘을 찌르게 되었다. 실업자 생활을 하던 요제프 괴벨스를 비롯해 수많은 히틀러의 추종자가 생긴 것도 바로 그때였다. 역사가들은 히틀러가 반역죄에 상응하는 형량을 살았다면 정권을 잡기가 힘들었을 것이라고 예측하기도 하지만, 이는 근거가 희박하다.

히틀러는 감옥에서『나의 투쟁』제1권의 원고를 집필했다. 종래 히틀러의 심복인 루돌프 헤스Rudolf Hess가 감옥 옆방에서 타자기로 히틀러의 말을 받아 적어『나의 투쟁』을 완성했다고 보았지만, 최근 연구에 의하면 히틀러 스스로 타이프와 손으로 쓴 것임이 밝혀졌다. 집필 목적은 제1권 서언序言에서 말했듯이 유대 신문이 조작한 자신에 대한 거짓말을 바로잡는 것을 비롯해 당권을 유지하고 당원들을 규합시키기 위해서였다.

출옥 다음 해인 1925년에 제1권인『나의 투쟁: 하나의 청산』, 이어 1927년에 제2권인『나의 투쟁: 국민사회주의 운동』이 출간되었다. 출간하기 전에 신간 소개에서는 제목이 '거짓과 우둔과 비겁에 대항한 4년 반의 싸움'이었으나 그런 제목으로는 책이 팔리지 않는다고 판단한 출판사가 제목을 바꾸었다. 책이 나온 뒤 상당 기간 전혀 팔리지 않았으나 한 권의 소형 염가판으로 바꾸자 조금씩 팔리기 시작해 1932년에는 9만 부, 집권한 1933년에는 108만 부를 위시해 1945년까지 1,245만 부가 팔렸다.

12장으로 구성된 제1권에서 히틀러는 오스트리아와 독일의 국경에서 태어난 '내'가 빈에서 '수업과 어려운 시대'를 극복하고 독일에 와서 전쟁과 혁명을 경험한 뒤 나치당을 만들기까지의 힘들었던 여러 가지 '싸움'을 기록했다. 이러한 형식은 독일 문학의 교양소설을 따른 것이지만, 실제로는 우유부단하고 비참했던 과거를 숨기고 자신을 타고난 정치가로 위장한 것이었다. 히틀러가 주장하는 반민주주의 사상도 독창적인 것이 아니라 당시 유행한 반유대주의나 영토 확장론 등 여러 가지를 뒤섞은 것에 불과하지만 다음 몇 가지로 정리할 수 있다.

"강자는 약자에게 반드시 승리한다는 사회다윈주의, 아리아인종이 최고임, 역사 발전의 원리는 민족이고 민족의 강화와 유지를 위해 국가가 존재해야 함, 경제는 국가에 종속되어야 함, 의회주의는 무책임 체제이고 민족을 전체로 대표하는 지도자 1인의 인격적 책임하에 모든 일을 결정해야 하는 지도자 원리, 사회적이고 계급적 상위를 넘는 통일체로서 민족공동체를 창조해야 함, 마르크스주의는 민족공동체의 생명을 죽임, 민족공동체를 거부하는 민주주의 · 의회주의 · 자유주의 · 개인주의 · 평화주의 · 사회주의 등은 유대인의 것으로 반대해야 함."

독일인들이
히틀러에게
정권을
내주었다

———————

히틀러는 출소 직후 바이에른 주지사를 찾아가 나치당
은 앞으로 합법적인 활동을 하겠다고 말했다. 그 직후
정당 활동 금지 처분이 해제되었다. 당을 재건하면서 그
는 합법적 투쟁과 함께 지도권의 완전한 장악과 여타 우
익과의 협조 없는 나치당의 자주 독립을 중시했다. 그래
서 1925년 2월의 당 재건 집회에서 히틀러는 정부를 비
판하는 대신 유대인과 마르크스주의자를 공격했으나 연
설 금지 처분을 받았다.

2월 말, 바이마르공화국의 초대 대통령인 프리드리히 에베르트Friedrich Ebert가 사망해 3월 말, 두 번째 선거에서 파울 폰 힌덴부르크Paul von Hindenburg가 대통령으로 선출되었다. 그의 등장은 바이마르공화국을 몰락으로 몰고 갈 신호탄이었지만, 1925년에는 인플레이션도 극복되고 경제성장도 가속화되었다.

1924년 말의 총선에서는 민주적 정당들이 다수를 차지해 거대한 연립정부를 형성했다. 그것에 적대적인 세력은 공산주의자들과 국가주의자들뿐이었다. 그런 극단주의자들은 10퍼센트의 지지밖에 받지 못했다. 그러나 육군 총사령관 출신인 힌덴부르크의 등장은 반공화국파의 세력이 여전히 굳건함을 보여주었다.

그는 제1차 세계대전에 패한 원인을 조사하기 위한 의회의 위원회에서 패전의 원인이 국내 혁명이라고 주장했다. 그런 그를 독일인들이 대통령으로 뽑은 것이었다. 히틀러는 당장 대통령의 편에 섰다. 자신에게 내려진 연설 금지 처분을 취소하기 위한 기회주의적인 행동이었음은 물론이다. 연설을 못하는 동안 히틀러는 『나의 투쟁』 제2권 집필에 열중했다.

1926년까지 당내 강령 논쟁을 거쳐, 1928년 5월 국회의원 선거 직전 연설 금지 처분이 해제되어 선거에 나섰다. 그러나 바이마르공화국의 중심인 사회민주당 등 3당이 승리한 반면 나치당은 괴벨스를 포함해 12명이 당선되고, 2.6퍼센트의 지지도를 얻는 것에 그쳐 히틀러는 실망했다. 그러나 독일 전역에서 당과 돌격대의 지부가 세워졌다. 1928년 말에 당원 수는 약 17만 명에 달했는데, 이는 쿠데타 이전보다 3배나 많은 수였다.

게다가 시대는 다시 히틀러에게 유리하게 바뀌었다. 1929년 초부터 세계경제는 위기에 봉착했다. 그해 초반 독일의 실업자 수는 다시 400만 명을 넘어섰다. 이에 기업에서 임금을 낮추려고 하자 노동조합은 파업으로 맞섰고 기업은 다시 직장폐쇄로 대응했다.

이런 가운데 1929년 7월, 미국의 은행가인 오언 D. 영Owen D. Young이 독일 정부에 제안한 '배상 지불 감경안'을 바이마르공화국 정부가 수락하자 그 철회를 요구하는 국민청원 운동이 벌어졌고, 히틀러와 나치당도 그

1928년 국회의원 선거에서 2.6퍼센트의 지지를 받은 나치당은 1930년 총선에서 18.3퍼센트의 지지율로 급격하게 상승해 제2당으로 도약했다. 이것은 나치당이 국민정당이 되었다는 뜻이다. 1930년의 히틀러.

운동에 적극 참여했다. 나치당은 '해방법'이라고 불린 '독일민족 노예화 반대법'을 기초해 독일의 배상 의무 자체를 폐기하고 독일에 전쟁 책임이 있다는 것도 거부하며 베르사유조약 등에 서명한 자들을 국가 반역죄로 처벌할 것을 요구했다.

그런 가운데 벌어진 가을의 지방선거에서는 나치당이 크게 약진했다. 이어 1930년 총선에서 18.3퍼센트의 지지율로 급격하게 상승해 사회민주당에 이어 제2당으로 도약했다. 도약의 원인 중에는 웅변가 양성학교를 만들어 1933년까지 배출한 약 6,000명의 웅변가가 전국에서 활약한 점도 있었다.

이러한 약진의 관건은 나치당이 국민정당이 된 점에 있었다. 국민정당이란 모든 사회계층의 지지를 받는 대정당을 말한다. 따라서 나치당이 국민정당이 되었다는 것은 국민의 다양한 이익을 서로 모순 없이 구현하는 정당이 되었음을 뜻했다. 독일은 19세기 이래 4개의 부분사회로 나누어졌다. 부분사회란 유사한 사회적 배경을 전제로 하여 가치관, 행동양식, 정치적 선호 등을 공유하는 사람들의 집단을 말한다.

첫째는 프로이센왕국의 전통적 지배층인 개신교 보수층, 둘째는 교양과 재산을 갖춘 시민계층, 셋째는 노동자 계층, 넷째는 가톨릭 계층이었다. 전통적으로 보수층은 국가인민당, 시민계층은 국가인민당과 민주당, 노동자는 사회민주당, 가톨릭은 중앙당을 지지했다. 이런 상황에서 나치당은 각 지역에 맞는 전략을 세워 구체적인 주제를 설정했다. 가령 가톨릭이 강한 지역에서는 무신론자인 마르크스주의를 비난하고, 노동자 계층에는 자본가의 횡포와 금권정치를 비난했다. 농촌에서는 도시의 물질문명과 식량 생산을 경시하는 도시 정치가를 비판했다.

그리고 어디에서나 공통적으로 유대인을 비난하고 바이마르공화국이 그들에 의해 지배되고 있다는 이유에서 의회민주주의의 타파를 호소했다. 바이마르공화국 정부와 달리 전몰 병사의 추도식을 거행하고 상이군경의 명예를 중시하는 것과 같이 '민족의 명예'를 내세운 정책도 나치당이 모든 계층의 지지를 받는 요인이 되었다. 특히 1929년 10월의 대공황 이후 나치당은 좌파와 노동조합이 세력을 펼친 도시가 아닌 빈곤에 허덕인 농촌으로 진출했다.

대공황 이후 독일의 민주정당들과 바이마르공화국 정부의 우유부단과 잘못된 정책으로 인해 경제 상황은 더욱 비참해졌다. 반면 미국에서는 민주당 출신의 프랭클린 루스벨트Franklin Roosevelt 대통령이 뉴딜 정책으로 경기를 활성화했다. 영국과 프랑스에서도 나름으로 민주주의적으로 대응했다. 그러나 독일에서는 민주주의가 제대로 기능하지 못했다. 반민주주의 세력이 더욱 늘어났다.

독일인들은 교양을 중시했지만 그들이 읽는 호메로스Homeros의 작품들과 그리스·로마의 책에도 영웅주의가 스며들어 있고, 독일적 정서가 강조되는 낭만주의와 게르만 신화에는 그런 요소가 더욱 강했다. 반면 민주주의를 비롯한 현실주의적 근대사상은 독일 민족에 대한 음모로 여겨지고 의심받고 폐기되었다. 여기에서 독일인들은 히틀러와 만났다.

그 결과 1932년 대통령 선거에서는 힌덴부르크에 이어 히틀러가 36.7퍼센트의 득표율로 2위를 기록했다. 이러한 과정에서 히틀러의 나치당은 극좌 공산당에 대항하는 극우 민족주의의 대표 정당으로 자리매김했다. 또한 같은 해 2번의 총선, 즉 1932년 7월, 37.4퍼센트로 230석으로 원내 1당으로 등극하면서 총리직을 요구하지만 거부당하고, 의회 재해산 뒤에도 11월 총선에서 33.1퍼센트로 지지율은 내려갔지만 196석(총 584석)으로 원내 1당은 유지했다. 보수파에서는 히틀러를 끌어들여 대보수 연합정부를 구성하려고 시도했지만, 총리 자리를 요구하는 히틀러와 히틀러의 총리 부임을 반대하는 대통령의 의견 대립으로 인해 지연되었다.

당시 힌덴부르크 대통령과 같은 정당의 내각은 의회 내 지지 세력도 없었기 때문에 히틀러는 대통령을 설득해 1933년 1월 30일 정권을 합법적으로 얻어냈다. 즉, 히틀러가 수상이 된 것이었다.

이날부터 독일이 제2차 세계대전에서 패배한 1945년 5월 8일까지의 12년 3개월을 나치 시대라고 한다. 이 시대는 1939년 9월 1일, 즉 제2차 세계대전 개전일을 기준으로 해서 전반 6년 7개월과 후반 5년 8개월로 나눌 수 있다. 그 전반은 전쟁 상태가 아니기에 평시인 반면, 후반은 전시라는 점에서 다르다. 그러나 그 전반은 격동의 독일 현대사 중에서 평가가 가장 어려운 시기다.

제2차 세계대전 직후 초기의 주민의식조사(1951년)에 의하면 20세기에서 가장 좋았던 시대로 그때를 꼽은 사람들이 응답자의 40퍼센트였다. 이는 45퍼센트를 차지한 제정기에 이어 두 번째로 좋은 시대라고 사람들은 기억했다. 우리가 사회민주주의 시대로 보는 바이마르공화국 시기는 7퍼센트에 불과했고, 그것에 이어 나치 시대 후반과 전후(각각 2퍼센트)가 최악의 시대로 꼽혔다. 홀로코스트 같은 국가적 대학살의 범죄가 본격화된 것은 나치 후기지만, 나치 시대 전반에도 이미 정치적 탄압과 인권 침해가 격심했다. 특히 반유대주의가 국가의 원리였는데도 사람들은 '좋았던 과거'로 기억했다.

히틀러의
독재는
수권법에서
나왔다

────────────

수상이 된 히틀러는 바이마르공화국의 의회민주주의를
끝내고 자신을 최고 지도자로 하는 독재 체제를 수립했
다. 히틀러가 노골적인 반유대주의자이고 인종차별주의
자이며 민주주의를 무시하는 선동가라는 점은 이미 충
분히 알려졌다. 그런 자가 수상이 되면 독일의 신뢰는
땅에 떨어진다고 생각하는 사람도 적지 않았다. 나치당
이 국회에서 제1당이었지만 히틀러를 수상으로 추천한
의원 수는 40퍼센트도 되지 않았다. 히틀러를 수상으로 임명해야 할 필연적인 이유가 있었던 것도 아니다.

그 뒤 히틀러가 대통령과 수상의 지위와 권한을 합친 절대의 지도자인 '총통'이 된 1934년 8월 2일까지는 문자 그대로 공포의 1년 반이었다. 히틀러 정권은 나치당의 단독 정권이 아니라 나치당과 국가인민당의 연립정권이었다. 그러나 당시 나치당은 엄청난 국민적 지지를 받았다. 수상 취임 후 이틀 뒤인 1933년 2월 1일 오후 10시, 히틀러의 성명이 라디오를 통해 전국에 방송되었다. 그의 최초 라디오 연설이었다.

히틀러는 연설에서 14년간의 바이마르공화국 정권 하에서 깊어진 국민 상호간의 대립을 극복하는 '국민적 화해'를 강조하고 14년간 독일을 파괴한 마르크스주의의 박멸을 선언했다. 그리고 국제적으로는 군축 문제와 관련해 국가간 평등을 실현하고 기독교와 가족의 의의도 강조했으나 반유대주의나 영토 확장에 대해서는 언급하지 않았다.

1933년 3월에 실시된 마지막 총선에서 히틀러는 '공산당을 때려잡자!'라는 구호를 내세웠다. 공산당에 의한 1월 30일의 전국 파업에 대응한 것이었다. 히틀러에게 엄청난 선거 자금이 쏟아졌다. 선거전도 라디오 방송과 비행기를 이용한 점에서 과거의 그것과 달랐다. 게다가 2월 4일에는 집회와 언론의 자유를 제한하는 긴급명령이 내려져 정부를 비판하는 집회나 시위나 출판 활동 등이 금지되었다.

당시 야당은 히틀러에게 효과적으로 대응하지 못하고 분열되었다. 1월 30일 공산당의 전국 파업에 대해 사회민주당은 불응해 남부의 몇 도시를 제외하고 파업은 실패했다. 이는 바이마르공화국 14년간 이어진 공산당과 사회민주당의 상호 불신과 대립의 연장이었다. 바이마르공화국 초기에 공산당 지도자들이 학살된 것을 공산당은 사회민주당 탓으로 돌리고, 사회민주당이 자본주의 정당과 함께 정권을 수립한 것을 노동자계급에 대한 배신이라고 공격했다. 반대로 사회민주당은 자신들을 파시스트라고 비난하며 공화국을 무너뜨리려고 한다고 공산당을 비난했다.

좌우파를 막론하고 나치당과 히틀러를 견제해야 할

히틀러는 라디오 연설에서 국민 상호간의 대립을
극복하고 마르크스주의의 박멸을 선언했다. 또 군
축 문제와 관련해 국가간 평등을 실현하고 기독교
와 가족의 의의도 강조했다. 1933년의 히틀러.

경쟁 정파들이 히틀러와 나치당의 잠재력을 지나치게 과
소평가했다. 예컨대 히틀러가 이끄는 나치당이 1930년
총선에서 제2당으로 급격히 성장하자 사회민주당의 일
부 논객들은 히틀러의 집권은 보수 진영의 무능을 드러
내 사회주의 독일로 역사 이행을 한 층 더 앞당길 것이
라고 전망하기도 했다. 한편 당시 주류였던 독일의 중도
우파 역시 나치당과 히틀러를 과소평가했다. 보수파는
국민의 지지가 높은 나치당을 끌어들여 자신들의 방패
로 삼고, 히틀러는 잘 달랠 수 있다고 생각했다.

　선거전이 막바지에 접어든 2월 27일 밤, 베를린의
국회의사당 방화사건이 발생했다. 즉각 현장에 있던 공
산주의자가 체포되었다. 이튿날, 히틀러는 대통령을 움
직여 비상사태를 선언하게 하고 공산당 국회의원을 포
함한 좌익 지도자들을 일망타진했다. 그날 프로이센주
에서만 5,000명이 체포되었다. 비상사태에 의해 모든
인권 행사가 정지되었다. 지방의회를 해산하고 바이마
르공화국의 여당이었던 사회민주당은 불법 정당으로 규
정되었다. 그리고 각종 단체와 조합은 나치당의 하부조

직으로 바뀌었다.

이처럼 엄청난 관권 선거였지만, 히틀러는 43.9퍼센트 득표에 288석으로 단독 과반수 확보에는 실패했다. 히틀러는 즉각 수권법授權法 제정에 들어갔다. 수권법의 정식 명칭은 '국민과 국가의 고통을 제거하기 위한 법'이었다. 히틀러는 국회에서 법안의 취지를 설명하면서 당시의 어려움에 정부가 신속하게 대처하고 권위와 안정을 되찾기 위해서는 수권법이 필요하다고 역설했다. 야당의 반대에도 찬성 441표, 반대 94표라는 압도적 다수로 수권법은 통과되었다. 그 내용은 다음과 같았다.

"국가의 법률은 헌법에서 정한 절차 외에 정부에 의해서도 제정된다. 정부가 제정한 법률은 헌법에 위반할 수 있다. 정부가 제정한 법률은 수상에 의해 확인되고 관보에 공시한다. 외국과의 조약으로 입법 대상인 것은 입법 참여기관의 승인이 필요하지 않는다. 그러한 조약의 수행에 필요한 규정은 정부가 발령한다. 이 법률은 공시일에 시행한다. 1937년 4월 1일에는 실효된다. 현재 정부가 바뀔 때에도 실효된다."

수권법의 위력은 즉각 나타났다. 3월 29일, 사형집행법이 제정되어 국회의사당 방화사건의 범인이 사형되었다. 이는 현대법의 원칙인 죄형법정주의에 반하는 소급입법이었다. 그 뒤로 나치법이 속속 제정되었다. 특히 지방자치를 파괴하고 중앙집권을 강화했다. 앞에서 보듯이 수권법은 원래 4년이 시한 입법이었다. 그러나 1945년 9월, 연합군이 독일관리이사회법 1호로 그것을 무효로 하기까지 14년 가까이 효력을 유지했다. 요아힘 페스트를 비롯한 역사가들은 수권법이 히틀러에게 필수적인 것이 아니었다고 하지만, 이는 그 법의 중대한 역사적 의미를 모르고 하는 소리다.

1932년 7월 14일, 히틀러는 '정당 신설금지법'을 제정해 나치당을 유일한 정당으로 규정했다. 그해 말에 제정된 '국민투표법'은 정부의 법안을 국회를 거치지 않고 국민에게 동의를 물어 정당화하는 법이었다. 정당과 함께 노동조합도 해산당했다. 노동조합 간부들은 정치적 중립을 선언했다. 히틀러 정부는 5월 1일 노동자의 날을 '국민근로의 날'로 개칭하면서 바이마르공화국 정부도 인정하지 않았던 공휴일로 인정했다.

그러나 그다음 날, 돌격대와 친위대Schutzstaffel(약칭 SS)가 좌파 노동조합을 습격해 간부들을 체포했다. 그리고 기독교계 노동조합을 자진 해산시켰다. 히틀러 정부는 노사 일체의 '독일노동전선'을 조직해 노동자들을 흡수했다. 국회는 형식적으로 존속했을 뿐 단지 정부 의사를 승인하는 찬성 기관이나 선전 기관으로 전락했다. 그리하여 국회의원 선거 후 불과 5년 만에 14년간 유지되었던 바이마르공화국의 의회민주주의는 끝나고, 나치 일당 체제가 확립되었다.

앞에서 보았듯이 총선에서 국민의 3분의 2는 히틀러를 지지하지 않았으나, 차차 변하기 시작했다. 총선 이후 나치당 입당자가 급격히 늘어나 히틀러 정권 발족 시 85만 명이던 당원 수가 3개월 만에 250만 명이나 되었다. 이는 당시 18세 이상 인구의 5퍼센트를 넘는 수치였다. 당원의 95퍼센트가 남성이었으므로 18세 이상 남성의 10퍼센트 정도에 해당되었다. 특히 관리, 교원, 단체 직원들이 대거 입당했다. 정권 초기에는 전국 관리의

20퍼센트에 해당하는 약 30만 명이 입당했다. 이는 나치 당원이 되는 것이 출세 수단이었기 때문이다. 이러한 변화와 함께 히틀러와 나치당에 대한 찬양이 공공연히 행해졌다. 그 결과 1933년 4월 20일의 히틀러 탄생 44주년은 전국적으로 화려하게 거행되었다.

특히 가톨릭과 개신교 양측의 기독교 지도자들이 히틀러를 지지했다. 저명한 교수나 작가를 비롯한 문화인들의 지지도 이어졌다. 1933년 4월, 마르틴 하이데거 Martin Heidegger가 프라이부르크대학 총장에 취임하면서 나치당에 입당했고 대학은 국민혁명의 담당자가 되어야 한다고 호소했다. 같은 시기에 법학자 카를 슈미트 Carl Schmitt도 입당했다. 그는 바이마르공화국 체제를 비판하면서 대통령 내각을 지지했다. 언론은 히틀러를 '민중 재상'이라고 불렀다.

히틀러 만세라는 뜻의 '하일 히틀러 Heil Hitler'라는 경례와 공문서 말미에 사용된 구호도 이때 만들어졌다. 그 밖에도 괴벨스 등에 의해 수많은 히틀러 신화가 선전영화 등을 통해 날조되었다. 11월에 국회의원 선거와

국민투표 전의 선거운동에서 '하나의 민족, 하나의 지도
자, 하나의 야a!'라는 구호가 채택되었다. 국회의원 선
거 투표율은 95.3퍼센트를 넘었고 나치당 단일후보 목
록에 대한 찬성률은 92.2퍼센트에 이르렀다. 국제연맹
탈퇴를 묻는 국민투표도 투표율 96.3퍼센트에 95.1퍼센
트의 찬성이었다. 비밀이 보장되지 않는 공개투표였음
에도 언론은 '히틀러의 대승리'라고 보도했다.

히틀러는 나치 조직 내부의 권력 재편에 착수하면
서 1934년 6월 30일 이른바 '장검의 밤' 사건으로 돌격
대 지휘관인 에른스트 룀Ernst Röhm을 제거하고 쿠르트
폰 슐라이허Kurt von Schleicher 장군, 프란츠 폰 파펜Franz
von Papen과 같은 위험 인물들을 제거하고 위협함으로써
자신의 경쟁자들을 모두 해치우는 데 성공해 절대 권력
을 다지게 되었다.

히틀러,
완벽한 독재의
총통을
시작하다

───────

1934년 8월 2일, 힌덴부르크 대통령이 사망했다. 헌법에 의하면 차기 대통령 선거를 해야 했지만, 정부는 대통령이 사망하기 직전에 '독일 국가원수에 관한 법'을 제정해 대통령직과 수상직을 합해 '히틀러 총통'에게 대통령의 권한을 이양한다고 규정했다. 그 법은 힌덴부르크의 사후 즉시 발효되어 히틀러는 바로 그날, 총통이 되었다. 이튿날 국방부 장관을 비롯한 전군 장병이 히틀러 총통에게 충성을 맹세했다. 이어 정부는 8월 19일에

두 번째의 국민투표인 '독일 국가원수에 관한 국민투표'를 실시했다. 결과는 투표율 95.7퍼센트에 찬성 89.9퍼센트였다.

히틀러가 수상이 된 1933년 1월, 각료의 얼굴을 보면 히틀러를 포함한 나치 당원이 3명, 보수파가 8명이었다. 그러나 1년 반 뒤에는 나치 당원이 9명, 보수파가 5명으로 바뀌었다. 그사이 각료로 입각한 나치 당원은 6명이었다. 즉, 1933년 3월에 신설된 국민계몽선전부 장관인 요제프 괴벨스를 비롯해 1933년 6월에 임명된 경제부 장관과 식량부 장관, 노동부 장관, 1933년 12월에 무임소無任所 장관으로 임명된 나치당 부당수 겸 부총재인 루돌프 헤스와 돌격대장 에른스트 룀이었다. 정권 발족 시에 무임소 장관이던 헤르만 괴링Hermann Göing은 1933년 4월에 신설된 항공부 장관이 되었다.

히틀러가 신설한 국민계몽선전부, 항공부, 교육부 중에서 괴벨스가 이끈 국민계몽선전부가 히틀러 이전의 정권과 구별되는 가장 특징적인 것이었다. 그 설치의 목적은 히틀러를 국민적 지도자로 숭배하도록 만드는 것이었다. 괴벨스는 이를 '정신적 총동원'이라고 부르고 라디오, 신문, 출판, 영화, 문학, 미술, 연극 등 모든 미디어와 문화 활동을 감시 통제하면서 적극적인 선전활동을 했다. 아울러 공산당, 사회민주당, 좌파 노동조합 등이 간행한 방대한 수의 신문과 잡지를 모두 폐간하고 편집자들을 추방했다. 단, 인쇄소 등은 국민계몽선전부가 인계해 선전활동에 사용했다.

그러나 히틀러가 각료 회의를 소집하는 횟수는 점차 줄어들었다. 1933년에는 매주 2~3회씩 70회 개최했으나 총통이 된 1934년에는 21회, 1935년에는 11회, 1936년에는 2회, 1937에는 6회, 1938년에는 1회를 개최한 것을 끝으로 개최하지 않았다. 합의를 무시하고 모든 정책은 개별적으로 히틀러의 재가를 얻어 실시되었다. 따라서 각 부나 장관 사이의 소통이 거의 없었다.

히틀러는 부 사이의 대립과 불신을 조장해 최종 결정자인 자신의 위신을 높였다. '분할해 통치하라'는 이 수법은 정부 각료만이 아니라 나치당 지도층이나 지방 지도층에게도 그대로 적용되었다. 수권법 이후에는 정

나치당은 돌격대, 친위대, 히틀러
유겐트, 나치학생동맹, 나치부인단
등 6개의 하부조직과 직업별 부속
단체를 만들었지만, 히틀러 1인에
의해 모든 것이 움직여졌다. 1935
년 뉘른베르크에서 군대 행렬을 지
켜보고 있는 히틀러.

부의 법률 제정도 히틀러의 서명만으로 가능해 매년 100건 이상이 만들어졌다. 그 점도 과거 정부보다 훨씬 빠르고 방대한 것이었다.

히틀러가 총통이 되면서 나치당도 국민정당으로 발전했다. 당원 수는 계속 늘어나 패전 직전에는 850만 명에 이르렀다. 이처럼 팽창하는 당의 운영을 위해 뮌헨의 당본부에 약 1,600명을 비롯해 전국에 약 2만 5,000명의 직원이 채용되었다. 1935년 9월의 뉘른베르크 전당대회에서 히틀러는 당에는 '우리 민족을 교육하고 감시하는 임무가 있다'고 역설했다.

나치당에는 처음부터 돌격대, 친위대, 히틀러 유겐트Hitlerjugend(약칭 HJ), 나치학생동맹Nationalsozialistische Deutsche Studentenbund(약칭 NSDStB), 나치부인단NS-Frauenschaft(약칭 NSF) 등 6개의 하부조직과 함께, 각종 직업별 부속 단체가 있었다. 즉 독일노동전선, 나치교원동맹, 나치의사동맹, 나치법률가동맹, 관리동맹 등이었다. 나치복지단과 같은 다양한 조직도 있었다. 나치당도 히틀러 1인에 의해 모든 것이 움직여졌다.

앞에서도 말했듯이 나치 전반기는 고용 안정과 국민 통합이 급속하고도 강력하게 이루어져서 독일 국민으로서는 제1차 세계대전 후 처음으로 행복을 맞은 시기였다. 고용 안정은 처음부터 히틀러의 단골 공약이었다. 특히 1933년 수상 취임 직후 라디오 연설에서 4년 안에 실업 문제를 해소하겠다고 약속했다. 그리고 4년 만에 그 약속을 지켰다. 즉, 1933년 480만 명을 넘던 실업자 수가 1934년 272만 명, 1935년에 215만 명, 1936년 159만 명, 1937년 91만 명까지 감소했다. 이는 당시 미국이나 영국에서도 상상할 수 없을 정도의 경제적 기적이었다. 이로써 히틀러의 위신은 하늘을 찌르고 그의 카리스마는 더욱 강력해졌다.

그러나 그런 기적은 사실 히틀러에 의한 것이 아니었다. 최근의 여러 연구에 의하면 이미 히틀러 이전부터 경기 회복의 조짐이 있었다. 반면 히틀러나 나치당에는 경제 전문가가 없었다. 수상 취임 후 히틀러는 노동자의 이익대표를 자임한 좌파 정당을 분쇄하고 전국의 노동조합을 해체하면서 그것을 정당화하기 위해 실업 해소를 공약으로 내걸었다. 그리고 그전 정부와 달리 히틀러는 국회에서 야당과 논쟁을 벌일 필요도 없고 예산안이나 법률 제정을 국회와 무관하게 혼자서 모든 것을 결정할 수 있었다.

히틀러는 1933년 6월, 제1차 실업감소법을 제정했다. 그 중심은 직접적 고용 창출(공공사업에 의한 고용)과 간접적 고용 창출(각종 세금 감면)이었다. 이는 이전 정부에서도 시도한 것이었으나, 히틀러는 이를 더욱 확대하고 강력하게 시행했다. 특히 노동시장의 청년 노동력과 여성 노동력의 공급을 줄이기 위해 다양한 근로봉사제를 도입하고 실업 대책을 군사 목적과 결부시켰다. 따라서 정상적인 민주국가에서는 시행하기 어려운 정책으로 히틀러의 독재하에서만 가능한 것이었다.

이러한 고용 대책과 함께 히틀러는 국민 통합 정책을 펼쳤다. 그 핵심 개념이 민족공동체Volksgemeinschaft였다. 여기서 게마인샤프트Gemeinschaft란, 이익공동체를 뜻하는 게젤샤프트Gesellschaft와 달리 혈연 · 지연 · 정신적 유대 등을 근거로 하는 자연발생적인 공동체를 뜻한다. 또 독일어의 폴크스Volks에는 혈연집단인 민족, 국가의 구성 요소인 국민, 주권자인 인민·서민 등 여러 가지 뜻이 있으나 히틀러는 주로 민족과 국민이라는 의미로 사용했다. 따라서 히틀러의 폴크스게마인샤프트는 민족공동체 혹은 국민공동체라는 의미였다.

특히 민족공동체란 타민족인 유대인을 배제하고, 국외의 민족 동포를 통합한다는 의미를 갖는 것이자 바이마르공화국을 비난하기 위한 것이었다. 즉, 서구적인 자유주의와 개인주의에 의해 이익정치와 정당정치가 생겼고, 그것이 민족의 일체성과 국민의 단결을 저해했다고 비난했다. 그 주축인 마르크스주의는 신성한 노동을 고역으로 왜곡시키고 계급투쟁을 선동해 국민을 분열시켰다고 비판했다. 그리고 그 결과 약화된 독일에서 부당한 이익을 착취한 것이 유대인이라고 공격했다.

히틀러는 민족공동체를 세우기 위해 3가지 수단을 사용했다. 첫째, 국가 행사로 대대적인 대중 집회인 나치당 대회를 '독일 국민의 전국당 대회'로 이름을 바꾸어 개최했다. 1933년부터 1938년까지 매년 여름, 과거

신성로마제국의 제국 의회가 열렸던 뉘른베르크에서 개최한 당 대회는 나치 시대 독일에서 가장 인기 높은 이벤트였다. 당 대회는 매년 새로운 주제를 내걸었다. 가령 1933년에는 '승리', 징병제를 도입한 1934년에는 '자유', 전쟁을 시작한 1936년에는 '명예', 실업을 극복한 1937년에는 '노동', 오스트리아를 합병한 1938년에는 '대독일', 폴란드를 침략한 1939년에는 '평화'였다.

약 1주일간 이어진 행사에는 전국에서 100만 명 정도가 특별열차를 타고 와서 참가했다. 레니 리펜슈탈Leni Riefenstahl의 영화 〈의지의 승리〉(1934년) 등에서 보듯이 나치 돌격대를 비롯한 여러 조직으로 구성된 10만 명에 이르는 퍼레이드와 매스게임이 하나의 호령 아래 일사불란하게 움직이는 것은 독일 국민만이 아니라 세계인의 이목을 집중시켰다. 그러나 당 대회의 메인 이벤트는 수십 만 명의 군중 앞에서 행해진 히틀러의 열광적인 연설이었다.

히틀러가 민족공동체 건설을 위해 사용한 두 번째 수단은 아우토반의 건설이었다. 그것은 '자동차가 달리는 길'이라는 뜻이었다. 현재 독일에서 고속도로로 사용되는 그 길의 총연장은 1만 3,000킬로미터다. 이는 현재 한국 고속도로 약 4,200킬로미터의 3배 이상에 이르고, 416킬로미터인 경부고속도의 30배 이상에 이르는 길이다. 실업 대책 사업의 하나로 시작된 그것은 자동차산업의 발전을 위한 것이기도 했다. 그러나 이는 나치의 선전과 달리 히틀러가 처음 시작한 것이 아니라 이미 그전부터 시행된 정책이었고, 그 정책에 대해 히틀러는 반대했다. 또 실업자 구제의 의미도 선전과 달리 크게 없었다.

히틀러가 민족공동체 건설을 위해 사용한 세 번째 수단은 노동자 개념의 변화였다. 즉, 정신노동자와 육체노동자, 직원과 노동자라는 구별을 없애고 일하는 사람은 모두 '노동자'라고 불렀다. 19세기부터 노동자 세계를 뒷받침한 노동조합을 파괴하고 히틀러가 세운 '독일 노동전선'에는 그전에 극단적으로 대립한 경영자 측과 노동자 측이 함께 가입해 그 수는 2,000만 명을 넘었다. 바이마르공화국 시대에 실현된 노사 임금 협정은 완전히 거부되고, 대신 국가가 임명한 관리가 임금을 결정했다. 그러나 1934년에 제정된 '국민노동질서법'에 의해 기업에서는 지도자 원리와 업적주의가 관철되어 경영자는 경영지도자, 노동자는 종자從子로 각각의 지위를 부여받았다.

또 노동전선의 환희력행단歡喜力行團, Kraft durch Freude(약칭 KdF)은 과거 노동조합과는 무관했던 음악, 연극, 스포츠, 여행 등의 여가와 오락의 기회를 모든 노동자에게 제공하고 자가용을 구입하도록 주선했다. 이는 노동자의 연차휴가를 2~3주로 늘린 것과 관련되었다. 아울러 동계冬季 구원사업이라는 모금운동이 국민의 일체감을 드높였는데, 그 중심인 나치복지단은 50만 명의 회원을 두고 우생 정책도 담당했다.

'대독일'로
나아가다

───────────

베르사유 체제는 제1차 세계대전 후 패전국 독일을 비참하게 만들었지만, 바이마르공화국 정권 말기에 그것을 시정하는 여러 조치가 행해졌다. 히틀러는 바이마르공화국 정권을 격렬하게 비난했지만, 경제와 마찬가지로 외교에도 무지했던 탓에 수상이 된 뒤 외교정책은 혼란을 면치 못했다. 히틀러는 『나의 투쟁』에서 폴란드와 소련 영토에서 독일 민족이 살기 위한 '생명의 공간 Lebensraum'을 구축해야 한다고 주장했는데, 그것은 전쟁 이외에는 할 수 없는 불가능한 주장이어서 사람들은 망상 이상으로 보지 않았다.

수상이 된 히틀러는 전쟁주의자와 평화주의자라는 모순된 두 얼굴의 외교정책을 실시했다. 즉, 1933년 2월 군인들에게 행한 비밀연설에서는 재군비 · 징병제 도입 · '생존 공간' 구축 등을 주장했으나, 5월 국회 연설에서는 공식적으로 평화를 주장해 세계를 놀라게 했다. 7월에 교황청과 화해하고 정교政教조약을 체결한 것도 평화 이미지를 부추겼다. 그러나 10월에는 국제연맹을 탈퇴했다. 그 이유는 서구 열강이 독일에 엄청난 군비 제한을 부과하면서도 자국의 군축에는 소극적이라는 것이었다. 이는 독일이 고립의 길을 간다는 의미였다. 11월에는 국민투표를 실시했다. 투표장에는 다음과 같은 구호가 걸려 있었다.

"그대 독일의 남자, 그대 독일의 여자여. 그대들은 그대들 정부의 정책을 그대들 자신의 관점으로, 그대들 자신의 의지로 표현하고, 그것을 위해 엄숙하게 맹세할 수 있는가?"

투표자의 95퍼센트가 히틀러에게 찬성했다. 같은 날 제국의회선거에서는 투표자의 99.9퍼센트가 나치에 표를 던졌다. 흔히 이를 독재에 의한 조작 선거라고 하지만, 그렇게 볼 수 있는 증거는 없다. 도리어 솔직하게 독일인들이 정말 그 정도로 히틀러를 지지했다고 보는 것이 옳지 않을까?

히틀러는 외교적으로 계속 성과를 냈는데, 1934년 1월에 폴란드와 불가침조약을 맺었다. 독일을 반공의 보루로 생각한 영국은 즉각 이를 환영했으나 반대로 소련은 자국에 대한 위협으로 보고 경계하고 독일에 반대한 프랑스에 접근했다.

히틀러 정권의 수립과 함께 가장 동요한 나라는 같은 독일인의 나라인 오스트리아였다. 그 전신인 합스부르크 제국이 붕괴된 뒤 공화국으로 건국한 직후인 1918년 11월 임시국민의회는 독일과의 합방을 결의했으나 이는 베르사유조약에 의해 금지되었다. 히틀러 집권 이후 오스트리아에는 합방에 반대하는 여론이 높아져 히틀러는 나치당과 자매인 오스트리아 나치당의 집권을 도왔다. 그리고 합방에 반대한 수상이 살해되자 히틀러에 대한 국제적인 비난이 일어나 히틀러는 1935년 5월에 오스트리아를 합방할 의도가 없다고 발표했다.

1935년 1월, 베르사유조약에 의해 15년간 국제연맹이 관리했던 자르 지방의 귀속을 결정할 주민투표가 실시되었다. 프랑스와 독일의 국경지대인 이곳은 천연자원이 풍부한 탓에 오랫동안 독일과 프랑스 사이에서 영토 분쟁이 이어졌으나 주민의 대다수는 독일인이었다. 나치당은 그 지역을 독일에 귀속시키기 위해 전력을 기울였다. 투표 결과는 90퍼센트 이상이 독일 귀속에 찬성했다. 이는 베르사유 체제를 벗어나고자 한 히틀러 외교정책의 최초 승리였다.

그 직후 히틀러는 베르사유조약을 노골적으로 파괴하는 재군비를 공공연히 주장하고 나섰다. 3월에 '독일 국방군 창설법'을 제정해 종전의 국군을 국방군으로 개칭하고 재군비를 선언했다. 즉, 베르사유조약이 금지한 징병제 도입, 공군 창설, 평시 병력 36사단(약 5만 명) 설치 등이었다. 프랑스는 즉각 항의하며 군사력 행사의 가능성을 시사하고 영국과 이탈리아와 공동전선을 구축했다. 그러나 영국은 독일과 해군협정을 체결했다. 이는 독일의 재군비를 인정한 것이어서 히틀러는 만족했다. 1935년부터 히틀러는 재군비 정책을 본격적으로 추진했다.

1936년 3월, 히틀러는 독일의 이익에 반하는 프랑스와 소련의 원조조약이 비준되자 라인란트Rheinland에 독일군을 진주시켰는데, 프랑스와 영국은 아무런 반응을 하지 않아 히틀러로서는 대승리를 거둔 셈이었다. 히틀러의 인기는 더욱 높이 올라가 '외교의 천재'라고 불렸다. 히틀러는 라인란트 진주에 관한 국민투표를 실시하면서 국회를 해산하고 후보자 리스트에 대한 찬부贊否를 물었다. 결과는 98.8퍼센트의 찬성이었다. 그러나 유대인은 투표에서 제외되었다. 그 전해에 통과된 '뉘른베르크 인종법'에서 유대인은 시민에서 제외된다고 규정한 탓이었다.

당시 아비시니아Abyssinia(에티오피아의 옛 이름)를 침략한 이탈리아에 대한 국제적인 비난이 생겼을 때 히틀

히틀러는 재군비와 징병제 도입을 주장하는 한편 국회 연설에서는 평화를 주장하는 등 전쟁주의자 와 평화주의자라는 모순된 두 얼굴의 외교정책을 실시했다. 1939년 폴란드에 입성하는 히틀러.

러만이 침묵해 이탈리아와 급격히 가까워졌다. 그 결과 이탈리아는 독일의 오스트리아 침략에 대해 방관했다. 1936년 7월, 스페인에서 시민전쟁이 발발하자 독일과 이탈리아는 프랑코에게 군사원조를 했다. 이어 11월에는 일본과 방공협정을 체결했다. 이는 소련을 공동의 적으로 전제한 것이었다. 이듬해 11월 이탈리아도 그 협정에 가담했다.

바로 그때, 1937년 11월, 히틀러는 군 수뇌부 앞에서 전쟁 수행 계획을 공개했다. '생존 공간'을 무력으로 회복할 필요성을 강조하면서 최초 표적은 오스트리아와 체코슬로바키아라고 했다. 그러나 군 수뇌부는 이를 무모한 계획이라고 비판하고 재고를 요청했다. 그러나 3개월 뒤 히틀러는 재고를 요청한 자들을 사생활 스캔들을 이유로 해임하고 전군의 지휘권을 장악했다.

1938년 3월, 히틀러는 무솔리니의 양해하에 오스트리아를 침략했다. 아무런 저항 없이 독일군은 환영을 받았다. 히틀러는 출생지인 브라우나우와 성장지인 린츠를 거쳐 빈에 들어갔다. 나치 깃발이 휘날리는 영웅광장에 모인 군중 앞에서 히틀러는 독일과 오스트리아의 합방을 선언했다. 다음 달, 오스트리아와 독일에서 행해진 국민투표에서 99.7퍼센트가 찬성표를 던졌다. 나치당의 '25개조 강령' 중 1조에서 말한 민족자결권이 달성된 것이었다.

그 뒤로 독일의 팽창주의는 거침이 없었다. 1938년 독일계 주민이 다수인 수데텐Sudeten을 체코에 요구했고, 이어 뮌헨에서 열린 독일·영국·프랑스·체코의 회담에서 수데텐의 할양이 결정되었다. 그리고 다시 반년 뒤, 히틀러는 '나머지 체코'라고 불린 지역을 침략했고, 슬로바키아에 괴뢰정권을 세웠다. 이어 히틀러는 리투아니아에 메메르memere 지방의 반환을, 폴란드에는 단치히Danzig 등의 반환을 요구했다. 그러자 영국은 그때까지의 유화정책을 포기하고 폴란드에 지원을 약속했다.

1939년 4월, 히틀러는 폴란드와의 불가침조약, 영국과의 해군협정을 파기하고, 8월에는 소련과 불가침조약을 체결했다. 그리고 9월에는 폴란드를 침략했다. 바로 제2차 세계대전의 시작이었다.

히틀러와
올림픽

───────

히틀러는 민주적 정치가들이 해내지 못할 업적을 1933년
부터 단 3년 만에 완성시켰다. 제1차 세계대전의 패배
이후 절망하던 독일인들에게 세계적인 위신을 되찾아
준 것이었다. 그리고 국민들은 독일 역사상 최고의 행복
을 누렸다. 빵과 일자리가 생겼다. 따뜻한 계절에는 '환
력선', 즉 '기쁨을 통한 힘'이라는 이름의 증기선을 타고
여행을 했고, 많은 여성은 생전 처음으로 출산휴가를 얻
었다. 그것이 민주주의를 희생시키고 얻어졌다는 사실

1936년 베를린올림픽에서 세계인
들이 히틀러에게 최대의 경의를 표
하는 것을 본 독일인들은 감격의 눈
물을 흘렸다. 히틀러는 올림픽으로
인해 세계적인 지도자로 부상했다.
1937년의 히틀러.

을 국민 대다수는 전혀 상관하지 않았다.

나치 정부는 사실상 레닌·스탈린 정부와 달리 자본가나 부농이나 사제처럼 인구의 대다수를 차지하는 사람들을 전혀 박해하지 않았다. 문제가 된 유대인이나 몇몇 지식인 등은 인구의 1퍼센트도 되지 않았으므로 대부분의 사람은 누가 박해를 받는지 전혀 의식하지 못했다. 게다가 그들 중 상당수는 나치 편을 들거나 나치 제국에 계속 남아 있었다. 저명한 지휘자인 빌헬름 푸르트뱅글러Wilhelm Furtwängler는 자기 악단의 유대인들이 강제로 추방되었어도 계속 독일에 남았다.

나치의 인기를 단적으로 보여준 것은 1936년의 올림픽이었다. 2월의 동계올림픽이 열리기 이전에 반유대주의의 흔적은 모조리 지워졌다. 그래서 올림픽위원회를 비롯해 당시 올림픽에 참석한 누구도 반유대주의를 실감할 수 없었다. 심지어 나치의 관용을 보여주려고 유대인 선수들도 독일 선수단원으로 출전하게 했다.

히틀러가 세계에서 가장 크다고 자랑한 경기장에서 열린 개회식에서 독일 국가와 나치 찬가, 리하르트 게오르크 슈트라우스Richard Georg Strauss가 작곡한 〈올림픽 찬가〉를 지휘하면서 연주했다. 대부분 국가 선수들이 나치식 인사를 하며 입장했다. 세계인들이 독일과 히틀러에게 최대의 경의를 표하는 것을 본 독일인들은 감격의 눈물을 흘렸다. 독일인 선수들은 월등한 기량을 펼쳤다. 그들은 다른 나라 선수들이 딴 메달보다 많은 메달을 땄다. 히틀러는 올림픽으로 세계적인 지도자로 부상했다.

홀로코스트를
시작하다

───────

홀로코스트란 본래 영어권에서 화재나 참사를 뜻하는
보통명사였으나, 1976년 메릴 스트리프Meryl Streep가 주
연한 9시간 반에 이르는 텔레비전 드라마 〈홀로코스트〉
가 미국과 서독에서 인기를 끌면서 나치 독일에 의한 유
대인 학살을 뜻하는 말로 사용되기 시작했다. 그러나 이
말은 구약성서의 '신에게 바치는 제물'이라는 함의가 있
어 이스라엘에서는 그 대신 파국이나 파멸을 뜻하는 '쇼
어Shoah'라는 말이 사용된다.

나치가 유럽에서 살해한 유대인 수는 최소 500만 명에 이른다. 나라별로는 폴란드에서 가장 많은 희생자가 나왔다. 290만 명에서 300만 명이 죽었다. 이어 러시아로 폴란드와 합쳐 400만 명이 넘는다. 독일에는 히틀러 정권이 탄생한 1933년 당시 유대인 수는 약 50만 명으로 전체 인구의 0.7퍼센트 정도였고, 그중 국외 이주가 불가능해 희생된 사람은 약 13만 5,000명이었다. 여기에 오스트리아 희생자를 합치면 약 18만 5,000명이 희생되었다. 이는 유럽 전체의 희생자 가운데 3퍼센트 정도였다.

유대인 외의 희생자도 있었다. 심신장애자, 불치병 환자, 집시, 동성애자, 여호와의 증인 등 민족공동체의 이념과 규범에 적합하지 않다고 여겨진 사람들이었다. 특히 1939년 9월, 제2차 세계대전의 개시와 함께 시행된 '안락사 살해 정책'에 의해 오스트리아 등을 포함해 독일에서 최소한 21만 6,000명, 폴란드와 러시아 등 유럽 전체에서 30만 명이 희생되었다.

홀로코스트의 저변에는 3개의 사상이 있었다. 인종

주의, 우생사상, 반유대주의인데 이것은 서로 관련된다. 인종주의는 인간을 생물학적 특성이나 유전학적 특성에 의해 몇 가지 인종으로 나누고 인종 사이에 생래적인 우열의 차가 있다고 보는 편견에 근거한 사고방식, 관념, 담론, 행동, 정책 등을 뜻한다.

어떤 개인이나 집단이 자신과 다른 문화적·종교적 배경, 신체적 특징을 갖는 자에게 적개심이나 공포감을 갖고, 이질적 민족 집단을 자기중심적인 척도로 멸시하는 것은 시공을 넘는 보편적인 현상이다. 그러나 인종주의는 제국주의의 전개와 함께 19세기에 등장한 진화론이나 인류유전학 등을 기반으로 하여 발전했고 20세기에 세계 전역으로 퍼진 배제와 통합의 사고 원리다.

인종주의는 찰스 다윈Charles Darwin의 진화론과 그레고어 요한 멘델Gregor Johann Mendel의 유전학의 영향을 받았다. 혼교에 의한 퇴화의 필연을 주장한 고비노와 달리 다윈 이후의 인종주의자는 인류 역사를 생물학적 발전 과정으로 보고 자연의 섭리를 부활시키면 종의 퇴화는 방지할 수 있다고 보았다. 여기서 우수한 유전 형질을 보호하고자 하는 우생학이 생겨났다.

우생학은 영국에서 프랜시스 골턴Francis Galton에 의해 시작되었다. 독일의 우생학은 알프레트 플뢰츠Alfred Ploetz를 중심으로 인종위생학으로 성립했다. 그에 의하면 사회는 이웃사랑과 상호부조에 의해 성립하지만, 그것은 자연의 섭리인 도태와 선택을 원리로 하는 종과 조화되지 못한다. 또 종이 진화하기 위해서는 사회가 자연의 원리에 따라 재편되어야 하며, 종의 고등형질을 보호하고 열등형질은 배제하기 위해서는 국가가 사회에 생물학적으로 개입할 필요가 있다. 플뢰츠는 동일 인종 중에서도 구별하기 힘든 상습범죄자와 정신박약자에게 관심을 기울여 그들을 열등 유전자의 보유자 또는 돌연변이로 보았다. 그리고 열등 유전자를 증가시키지 않기 위해 국가가 단종斷種 정책을 실시해야 한다고 주장했다.

제1차 세계대전이 끝난 뒤 인종위생학은 더욱 발전했다. 그 배경에는 전쟁으로 200만 명의 청년 남성이 죽고 여성의 사회 진출이 늘어 출생률이 저하한 점이 있었다. 그래서 독일의 학문 세계에도 진출했다. 1923년 뮌헨대학에 인종위생학 강의가 개설되었고 『인종유전학과 인종위생학 개론』을 쓴 프리츠 렌츠Fritz Lenz가 담당 교수로 취임했다. 1927년에는 새로운 과학연구의 거점인 국립카이저빌헬름협회(막스프랑크연구소의 전신)가 '인류학, 유전학, 우생학연구소'를 베를린에 설치했다.

반유대주의는 기독교의 전통이었지만 히틀러의 그것은 종교적인 것이 아니라 인종주의적인 것이었다. 독일에서 유대인은 1871년의 독일 통일과 함께 해방되어 법적 평등을 인정받아 그 일부는 경제적 부를 누렸다. 이런 유대인을 제국 초기의 불황으로 인한 급격한 사회 변화에 적응하지 못한 중간층 등이 질시했다. 이와 함께 유명한 동양학자인 파울 드 라가르드가 『독일론』(1885년)에서 폴란드, 러시아, 오스트리아, 루마니아의 유대인을 마다가스카르섬으로 이주시켜야 한다고 주장한 것을 비롯해 다양한 유대정책론이 등장했다.

이러한 움직임에 대응해 유대인의 시오니즘이 등장했다. 유럽에 산재한 여러 유대인 가운데 러시아와 동유럽에 사는 정통파 유대인인 '동방 유대인Ostjuden'이

히틀러는 유대인의 공민권을 박탈하고 유대인과 비
유대인 사이의 성교와 혼인을 금지하는 법을 만들
면서까지 철저하게 유대인들을 탄압했다. 1938년
친위대의 사열을 받고 있는 히틀러.

1881년 차르tsar의 박해를 받아 여러 곳으로 이주했다. 특히 러시아혁명 후 다수가 독일로 이주해 독일의 반유대주의는 증폭되었다. 1919년 히틀러가 쓴 최초의 반유대주의 문장敍章은 당시의 분위기를 전해준다.

히틀러가 정권을 잡은 뒤 정한 최초의 반유대법은 유대인의 공직 추방을 의도한 1933년의 '직업관리 재건법'이었다. 유대인이 공직에서 추방되면 반유대적인 법이나 정책을 전개시키기 쉽고, 그 법은 민간 분야에도 파급될 수 있었다. 이어 1935년 '뉘른베르크 인종법'이라고 불리는 '독일 공민법'과 '독일인의 피와 명예를 지키는 법'이 제정되었다. 전자는 유대인의 공민권을 박탈한 것이고 후자는 유대인과 비유대인 사이의 성교와 혼인을 금지한 법이었다.

그 결과 유대인의 법적 지위는 해방 이전으로 돌아갔다. 그 법들은 유대인을 '4명의 조부모 가운데 인종적으로 완전한 유대인이 3명 이상인 자'라고 정의했으나 실제로는 유대교를 믿는 정도에 따라 정해졌다. 즉, 조부모 4명 중 유대교도가 3명 이상이면 '완전한 유대인',

2명이면 '1급 혼혈', 1명이면 '2급 혼혈'로 정의되었다.

　이러한 법들에 의해, 그리고 시오니스트의 팔레스타인 이주 주장에 의해 유대인 스스로 국외로 갈 것을 히틀러는 기대했으나 그것은 쉽게 이루어지지 않았다. 히틀러가 『나의 투쟁』에서 마르크스주의자 유대인 1만 여 명을 독가스로 처분하면 수백 만 독일 병사의 죽음이 헛되지 않을 것이라고 쓴 것은 그야말로 유치한 이야기였다. 히틀러는 제1차 세계대전에서 패배한 것은 유대인의 배신과 그것을 몰랐던 제국의 무능함 때문이라고 보았다.

　히틀러의 반유대주의는 알베르트 아인슈타인Albert Einstein을 비롯한 저명한 유대인들의 망명으로 이어졌다. 그가 1933년 3월 미국으로 망명한 직후인 5월 10일, 괴벨스는 아인슈타인을 포함한 유대인들의 저작과 공산주의 · 사회주의 서적들을 불살랐다. 같은 날, 독일 전역에서 21개 대학도 이 같은 행동을 했다.

　그럼에도 1937년까지 독일을 떠난 유대인은 12~13만 명에 불과했고 37~38만 명이 여전히 독일에 남아 있었다. 왜냐하면 그들은 2,000년 이상의 유대인 수난사와 비교하면, 나치 체제하의 박해는 별것이 아니며 국제 여론에 의해 유대인 박해가 곧 끝난다고 낙관했기 때문이다. 또 경제적 이유로 떠날 수 없는 사람들도 있었고, 독일에 대한 애국심 때문에 떠나지 못하는 사람들도 있었다. 게다가 미국을 비롯해 이주를 받아들인 나라들도 적극적인 태도를 보이지 않았다.

1938년, 히틀러의 유대인 억압은 더욱 강해졌다. '제국 수정의 밤Kristallnacht(1938년 11월 히틀러의 돌격대와 친위대 등 나치 단체의 회원들이 도끼와 쇠망치로 무장하고 유대인 소유의 상점과 예배당을 공격한 사건)'을 비롯한 끔찍한 사건이 계속 터져 수백 명의 유대인이 살해되고 3만 명 이상의 유대인 남성이 수용소에 감금되었다.

그러나 오스트리아를 합방한 히틀러의 외교적 성공은 유대인 박해에도 국내외 사람들이 히틀러를 무조건 추앙하게 만들었다. 인구의 1퍼센트도 안 되는 유대인 문제는 대다수 독일인에게는 관심의 대상도 되지 못했다. 1939년에는 유대인을 국외로 추방하는 정책이 더욱 적극적으로 전개되어 그해에만 약 7만 5,000명이 독일을 떠났다.

절멸 전쟁을
시작하다

─────────

'절멸 전쟁'에서 절멸이란 독일어의 Vernichtung, 영어
의 annihilation으로, 표적인 적의 집단을 말살해 근절
시키는 것을 뜻한다. 나치 독일의 그 적은 물론 유대인
이었다. 그 중심은 친위대였다. 친위대는 처음에 히틀러
의 경호대로 시작했으나, 히틀러가 친위대의 전국 지도
자로 발탁된 1929년 이래 당내 정치경찰의 역할을 하게
되었다. 소수 정예를 지향했으나 1933년 히틀러 정권이
탄생하자 5만 명을 넘었다.

친위대는 유대인, 심신장애자, 불치병 환자, 집시, 동성애자 등의 수색 · 체포 · 격리 · 처벌을 담당했다. 히틀러 우생 정책의 법적 근거가 된 것 중에 가장 기본적인 것이 1933년에 제정된 '유전병 자손 예방법'이라는 강제 단종법이 있었다. 정신과 신체에 관한 8종의 질환과 중증 알코올 의존증을 법정 유전병으로 선정하고 그 환자에 대한 강제 단종을 가능하게 했다. 그 법률에 의해 나치 체제하에서 약 40만 명이 자신의 의지와는 무관하게 자식을 낳는 권리를 박탈당했다.

나치 시대는 우생학의 보급에 힘을 썼다. 학교, 병원, 간호학교, 관청은 '인간의 가치에는 생래적인 차이가 있다', '열등 인종의 교배는 고등 인종의 가치를 저하시킨다', '열등 인종의 증식 능력이 고등 인종의 몇 배에 이르므로 격리해야 한다'고 가르쳤다. 우생학은 국민의 일상생활에도 미쳤다. 1935년 10월에는 '결혼건강법'이 제정되어 '정신장애를 앓고 민족공동체의 관점에서 결혼이 바람직하지 않은' 자의 결혼을 금지했다. 반면 우수한 유전 형질의 보유자에게는 결혼과 출산을 장려하는 조치가 취해졌다.

히틀러는 1929년 8월, 나치 당대회에서 정신장애자의 제거를 권장하는 발언을 했다. 그 10년 뒤인 1939년 9월, 폴란드 침략 직전에 히틀러는 불치병 환자, 유전병 환자, 심신장애자 등 전쟁 수행에 지장을 초래하는 자들을 말살하는 '안락사 살해 정책'을 실행에 옮겼다. 나치 시대의 우생 정책에는 수많은 전문가가 관여했다. 안락사에는 정신과 의사들이 대거 동원되었다.

제2차 세계대전의 개시는 홀로코스트의 요인이 되었다. 독일의 세력권이 넓어지면 넓어질수록 지배를 받는 유대인의 수는 늘어났다. 히틀러의 반유대인 정책은 점령지의 유대인에게는 더욱 가혹하게 적용되었다. 그러나 그것만이 홀로코스트의 요인이었던 것은 아니다.

1939년 9월 폴란드를 침략한 독일은 불과 한 달 만에 폴란드를 굴복시켰다. 10월의 국회 연설에서 히틀러는 '폴란드 국가의 해체에서 생긴 목표와 임무 가운데 가장 중요한 것은 민족의 이주'라고 주장했다. 당시 폴란드에 살았던 약 250만 명의 유대인은 퇴거 명령을 받았다.

1940년 4월, 독일은 덴마크와 노르웨이를 침략했다. 5월에는 벨기에, 네덜란드, 룩셈부르크를 침략했고, 벨기에 구원에 나선 영국과 프랑스를 격파했다. 이어 6월에는 파리를 점령했다. 독일 내 히틀러의 인기는 정점에 이르렀다. '외교의 천재'에 더해 '전쟁의 천재'라는 칭송까지 들었다.

히틀러는 약 325만 명의 유대인을 프랑스령 마다가스카르섬에 이주시키는 계획을 수립했다. 인종적 반유대주의자 파울 드 라가르드가 반세기 전에 만든 시나리오 그대로였다. 그러나 영국이 항전에 나서는 바람에 그 계획은 포기되어야 했다. 1941년 6월, 독일은 러시아와의 불가침조약을 파기하고 러시아를 침략했다. 이는 다음 3가지 의미에서 홀로코스트의 시작이 되었다.

첫째, 이 전쟁은 히틀러에게 단순한 군사 전쟁이 아니라 볼셰비즘에 대한 이데올로기적 십자군 전쟁이자 슬라브 민족에 대한 가혹한 인종 전쟁이라는 점이었다. 볼셰비즘을 유대인의 화신으로 본 히틀러는 유대인을 볼셰비즘과 동일시하고 둘 다 절멸의 대상으로 삼았다.

둘째, 히틀러는 이 전쟁의 목적을 유대-볼셰비즘이 지배하는 러시아를 타도해 광대한 러시아 평원에 '대게르만제국'의 발전에 필요한 '생존 공간'을 수립하는 것에 두었다. 그곳은 식량, 원료, 노동력을 제공하는 곳으로 유대인과는 무관했다.

셋째, 이때부터 모든 유대인이 사살의 대상이 되었다. 이는 그전까지 친위대가 유대인의 지도자만을 살해 대상으로 삼았던 정책의 근본적인 변화였다. 그 결과 러시아 침략 반 년 만에 50만 명 이상의 유대인이 살해되었다. 그 잔인한 만행이 홀로코스트의 시작이었다.

히틀러는 유대인을 러시아의 시베리아에 추방할 계획을 세웠으나 러시아와의 전쟁이 장기화하는 바람에 그 계획도 포기해야 했다. 결국 '안락사 살해 정책'에서 사용된 가스 살해가 유력한 대안으로 떠올랐다. 종래의 추방 정책이 절멸 정책으로 바뀐 것이다.

히틀러는 1941년 12월, 미국에 대해 선전포고를 했다. 그 이튿날, 히틀러는 독일을 포함한 유럽에 있는 유대인의 절멸을 선언했다. 히틀러는 유대인을 외교적으로 이용하고자 했다. 이는 1939년 이래 그가 반복한 소위 '예언자 연설'에서 분명하게 드러났다. 그것은 1939년 1월, 수상 취임 6주년 연설에서 '나는 다시 예언자가 된다'고 하면서 '유럽 내외의 국제 유대 금융자본이 모든 민족을 다시 세계전쟁으로 몰아가는 데 성공한다면 그 결말은 세계의 볼셰비키화, 즉 유대인의 승리가 아니라, 유럽 유대인의 절멸이 될 것이다'라고 예언한 것이었다.

히틀러는 미국에 대한 전쟁을 개시하는 날 국회 연설에서 미국은 유대인에 의해 지배되고 있고, 프랭클린 루스벨트가 국제분쟁을 조장하는 것은 유대인 탓이라고 주장했다. 루스벨트의 배후에는 러시아혁명으로 황폐화된 유대 낙원을 만들고, 지금 그것과 같은 것을 독일에서 성취하고자 하는 영원한 유대인이 있는데, 루스벨트를 둘러싼 유대인은 미국을 놀이구슬로 삼아 유럽의 반유대주의자들을 절멸시키고자 한다고 강변했다.

1942년 1월, 베를린 교회의 반제Wannsee 호반에서 열린 비밀회의는 1,100만 명 이상의 유대인을 죽인다는 홀로코스트의 구체적인 계획을 수립했다. 이어 그해 가을, 유대인을 살해하기 위한 절멸수용소가 여러 곳에 설치되었다. 그중 우리에게도 잘 알려진 아우슈비츠 수용소는 최대 규모로 현재 폴란드에서 오시비엥침Oświęcim이라고 부르는 작은 지방 도시에 있었다. 제2차 세계대전이 시작되면서 그곳에는 독일인들이 편입되었다. 그곳은 동유럽을 '게르만화'하는 모범도시로 기대를 모았다. 이를 위해 수많은 과학자가 동원되었다. 농학, 경제학, 인구학, 도시공학, 민속학 등의 학자들이었다.

그 수용소는 다른 몇몇 수용소와 마찬가지로 처음부터 절멸수용소로 건설된 것은 아니었다. 유대인의 마다가스카르섬 이주 계획이 취소된 1940년 여름, 과거 폴란드 군부대였던 것을 개조해 주로 폴란드를 정치범을 수용할 계획으로 개조되었다. 그러나 정치범의 범위는 대단히 넓었다. 1939년 9월, 독일은 폴란드를 침공한 뒤 폴란드의 정치지도자, 신부, 교수, 교원, 언론인 등의 지식인 계층의 반 이상을 죽였다. 그 수는 6만 명을 넘었다. 그중에는 우리에게도 유명한 막시밀리안 콜베

히틀러는 루스벨트의 배후에 유대인이 있으며, 유
대인들은 미국을 놀이구슬로 삼아 유럽의 반유대주
의자들을 절멸시키고자 한다고 주장했다. 1941년
국회에서 연설하고 있는 히틀러.

Maximilian Kolbe 신부도 있었다. 가스 살해는 1941년 9월부터 시행되었다. 대상은 주로 폴란드의 정치범과 러시아군 포로였다. 그곳에서 죽은 희생자 수는 약 110만 명이었다.

1941년 2월, 독일은 동맹국인 이탈리아를 지원하기 위해 북아프리카로 진군했다. 4월에는 유고슬라비아와 그리스를 침공했다. 6월에는 러시아 영내로 들어갔고 이어 미국과 개전했다. 히틀러는 전쟁 성과가 미약한 육군 총사령관을 경질하고 스스로 그 자리에 앉았으나 전세는 호전되지 않았다. 1943년 2월 스탈린그라드에서 패배한 것은 히틀러의 앞날을 더욱 어둡게 했다. 괴벨스는 '총력전'을 호소했지만 국민들 사이에서도 비판의 목소리가 나왔다. 히틀러 정부를 비판하는 전단지를 뿌리다가 체포된 한스 숄Hans Scholl과 조피 숄Sophia Scholl 남매가 처형된 것은 이 무렵이었다.

1943년 5월, 북아프리카에서 독일은 항복했다. 7월에는 무솔리니가 실각하고 이탈리아는 전선에서 이탈했다. 러시아가 중앙 유럽에 침공하고 1944년 6월, 연합군은 노르망디에 상륙했다. 절망적인 전쟁을 계속하는 히틀러에 대한 군부 내의 불만이 커졌다. 1944년 7월, 히틀러 암살계획이 실행되었지만 히틀러의 부상으로 끝났다.

정글처럼 뒤얽힌 나치 체제가 조직과 조직의 연대를 상실해 시스템으로서 거의 작동하지 못하게 된 반면 전쟁에 반대하는 자들에 대한 규제는 더욱 엄해졌다. 밀고에 의한 체포 건수는 급증했고 국민에 대한 테러는 노골적으로 드러났다. 히틀러는 마지막까지 철저한 항전을 호소했다. 그것에 응한 자도 있었지만 그렇지 않은 사람도 늘어났다.

그런 상황에서도 홀로코스트는 멈추지 않았다. 1942~1944년 사이에 희생자는 가장 많았지만, 전쟁의 막바지 마지막 한 사람까지 유대인은 수용소에 보내졌다. 이는 히틀러 전쟁이 유대인과의 전쟁이었기 때문이다. 특히 러시아와의 전쟁이 시작된 뒤부터 그러했다. 전쟁이 끝난 뒤 유대인들이 저항하지 않고 복종만 했다는 비난이 생겨났다. 영화 〈쉰들러 리스트〉에서 보듯이 유대인들이 강제 이송 대상자 명단을 작성하고 여러 가지 일에 복종했다. 특히 해나 아렌트Hannah Arendt 같은 사람들은 그들을 비난했다. 그러나 이런 비난이 과연 옳다고 할 수 있을까? 물론 그런 저항이 전혀 없었던 것도 아니었지만, 그것은 극소수였고 대부분의 유대인에게는 그런 저항이 불가능했다.

독일인 대다수는 유대인 대학살을 방관했다. 나치가 비밀로 한 탓에 그 사실을 몰랐던 사람들도 당연히 있었다. 그것을 알았다고 해도 히틀러를 숭상하듯이 열광적으로 찬성하지 않은 것은 사실이다. 그러나 그들의 수동적인 태도와 전통적 편견이 대학살의 전제였고 풍토였음도 부정할 수 없다. 물론 독일인 중에도 오스카르 쉰들러Oskar Schindler처럼 유대인들을 도운 사람도 있었지만 정말 극소수에 불과했다. 독일 내에서 약 1만 명의 독일인이 5,000명가량의 유대인을 구해냈다.

1945년 3월, 연합군이 라인강을 건넜다. 4월에는 러시아가 빈을 점령하고 베를린을 포위했다. 4월 30일, 히틀러는 지하 방공호에서 그 직전에 결혼한 에바 브라운 Eva Braun과 함께 자살했다. 56년의 짧은 생애였다.

히틀러는
희대의 악당이
아니라
기회주의자다

히틀러는 인류 역사에서 가장 악독한 희대의 악당이니 악마니 전쟁광이라는 등의 말이 있다. 지금까지 나온 히틀러에 대한 책 중에서 가장 믿을 만한 책이라는 정평이 있는 라파엘 젤리히만Rafael Seligmann이 집필한 『집단애국의 탄생: 히틀러』의 첫 문장은 "지난 천년을 통틀어 가장 폭력적이었던 한 정치가"라고 히틀러를 규정한다. 그러나 가장 많은 사람을 죽인 독재자로서 히틀러는 1,700만 명을 죽여 2,300만 명을 죽인 이오시프 스탈린

Iosif Stalin이나 7,800만 명을 죽인 마오쩌둥毛澤東보다 못하다는 주장도 있다. 그러나 그런 순위를 따져서 어쩌자는 것인가? 독재자는 모두 독재자일 뿐이다.

그런데 히틀러가 '최근 1,000년의 최대 악당'이라는 소리는 과연 맞는 말인가? 히틀러식의 군사 정복과 독재, 말살과 학살, 계엄령과 특별법정, 노예와 강제노동, 집단수용소와 대양을 넘어가는 이주 등은 영국이나 프랑스 등 모든 제국주의의 전형적인 수법이기도 한 것이 아닌가? 히틀러는 그런 것을 흉내낸 것에 불과했고, 굳이 차이가 있다고 한다면 제국주의자들보다는 짧은 시간에 집약적으로 폭력을 행사한 정도의 차이가 있었던 것에 불과했다.

따라서 우리가 히틀러의 폭력을 비난하려고 한다면 그 선구자가 된 영국과 프랑스의 제국주의부터 욕해야 한다. 꼭 그래서만이 아니라, 일본 제국주의의 침략을 규탄하고자 한다면 그 선구자인 영국과 프랑스의 제국주의부터 욕해야 한다.

물론 제국주의 침략에서 영국이나 프랑스 등에 뒤

쳐진 독일은 유럽에서 후진국이었고, 1918년 제1차 세계대전에서 패배할 때까지 황제 치하의 전제주의를 용인하고 있었던 독일 국가와 독일인의 후진성이 히틀러의 전체주의적 군사독재를 초래한 직접적인 원인이었다. 이승만이나 박정희나 전두환 등의 독재에 대한 평가에서도 우리는 박정희를 비판해야 하지만 그것을 19년이나 용인한 국민에게 책임이 없다고 할 수 없다. 지금 재판을 받고 있는 이명박이나 박근혜의 국정 농단에 대해서도 국민에게 책임이 없다고 할 수 없다.

나는 그들에 대해 항상 반대했지만, 그래서 그 어떤 선거에서도 그들에게 표를 찍어준 적이 없지만, 그들의 독재를 용인한 점에 대해서는 책임을 느낀다. 그래서 부끄럽다. 적어도 아직은 순수한 아이들에게 부끄럽고, 세계 사람들에게도 부끄럽다. 그런 독재 밑에서 온갖 아첨을 다한 주제에 아무런 수치심 없이 뻔뻔하게 살아가는 인간들을 보면 분노가 생긴다.

문제는 히틀러 개인 탓이 아니라는 것이다. 오로지 히틀러 개인 탓이라고 몰아가는 것은 결국 독일인이 자 히틀러는 "지난 천년을 통틀어 가장 폭력적이었던 한 정치가"라고 규정할 수 있다. 히틀러의 사망을 알리는 미국의 한 신문.

기 책임을 벗기 위한 술책에 불과하다. 마찬가지로 히틀러의 독재를 용인한 유럽 정치인들과 유럽인들의 책임을 벗기 위한 수작에 불과하다. 당대의 독일인들과 마찬가지로 유럽인들에게도 히틀러가 독재를 하도록 용인한 책임이 있다. 특히 나는 독일인 중에서 히틀러를 발견해 키운 독일 군인들과 함께 법원의 판사들에게 그 책임이 크다고 생각한다. 히틀러가 정치에 입문했을 당시 벌인 쿠데타 음모를 철저히 파헤치지 못하고 도리어 그를 보호한 보수적 판사들의 책임이 막중하다. 물론 그런 히틀러를 옹호한 정치인, 군인, 언론인도 문제였다. 그러나 그들이 아무리 미친 듯이 떠들어도 법원의 판사만큼은 냉정해야 했다.

일찍이 해나 아렌트가 지적했듯이 전체주의 대두의 토양은 대중사회 내부에 도사리고 있었다. 즉, 제국주의와 식민지 지배와 민족주의가 발달하면서 새롭게 형성된 의식, 강제와 의도적인 노력을 통해 인간을 개조하고 변형시킬 수 있다는 의식, 국가나 사회 전체를 위해 개인을 희생시킬 때 비로소 삶의 의미와 의의가 확보된다는 의식이 자리 잡았다. 그런 의식을 대중에게 강제로 주입시키기 위한 교묘한 선전술이 폭력적으로 동원되어 전근대 사회의 신화를 방불케 하는 자의적이고 비합리적인 세계가 환상으로 부추겨졌다. 그런 정치와 관료주의가 수행한 강제수용소 감금과 인종 학살은 단순히 거대한 잔혹함과 권력 남용의 증거로만 파악되거나 특별한 이익을 위한 수단으로 이해되어서는 안 된다. 그것은 도리어 인간사의 일상이라고 보아야 한다.

마찬가지로 허버트 마르쿠제Herbert Marcuse가 주장했듯이 파시즘의 책임 논의에서 더욱 근본적인 책임 소재는 자본주의 자체, 산업문명 자체, 권력구조 자체에서 찾아야 한다. 전쟁국가, 소비주의, 생태계 위기, 폭력과 냉소주의, 문화와 행정의 대중적 진부함과 공허함으로 가득 차 있는 현대 산업 문명에 그 책임이 있다. 나아가 생명을 파괴하고 오용하고 퇴화시키는 권력구조 자체에 책임이 있다. 나치즘은 독점자본주의의 종양이 돌출한 것으로 한계에 이른 자본주의가 배양한 야만주의다.

아돌프 히틀러

ⓒ 박홍규, 2019

초판 1쇄 2019년 3월 27일 찍음
초판 1쇄 2019년 4월 3일 펴냄

지은이 | 박홍규
펴낸이 | 강준우
기획 · 편집 | 박상문, 김소현, 박효주, 김환표
디자인 | 최원영
마케팅 | 이태준
관리 | 최수향
인쇄 · 제본 | 대정인쇄공사

펴낸곳 | 인물과사상사
출판등록 | 제17-204호 1998년 3월 11일

주소 | 04037 서울시 마포구 양화로7길 4(서교동) 2층
전화 | 02-325-6364
팩스 | 02-474-1413

www.inmul.co.kr | insa@inmul.co.kr

ISBN 978-89-5906-517-2 03300

값 10,000원

이 도서의 국립중앙도서관 출판예정도서목록(CIP)은 서지정보유통지원시스템 홈페이지
(http://seoji.nl.go.kr)와 국가자료공동목록시스템(http://www.nl.go.kr/kolisnet)에서
이용하실 수 있습니다. (CIP제어번호: 2019010808)